Manuel Bilingue de Correspondance et Communication dans les Affaires

Bilingual Handbook of Business Correspondence and Communication

Manuel Bilingue de Correspondance et Communication dans les Affaires

FRANÇAIS · ANGLAIS

Bilingual Handbook of Business Correspondence and Communication

ENGLISH · FRENCH

Susan Davies · Armel Esnol

PRENTICE HALL INTERNATIONAL

First published 1989 by
Prentice Hall International (UK) Ltd,
66 Wood Lane End, Hemel Hempstead,
Hertfordshire, HP2 4RG
A division of
Simon & Schuster International Group

Printed and bound in Great Britain by
BPCC Wheatons Ltd, Exeter.

Library of Congress Cataloging-in-Publication Data

Davies, Susan, 1946-
    Manuel bilingue de correspondance et
communication dans les affaires: français,
anglais = Bilingual handbook of business
correspondence and communication: English,
French/Susan Davies, Armel Esnol.
        p.   cm.
    Includes index.
    ISBN 0-13-079773-1
    1. Commercial correspondence, French –
Handbooks, manuals, etc. 2. Commercial
correspondence – Handbooks, manuals, etc.
3. French language – Business French –
Handbooks, manuals, etc.   I. Esnol, Armel.
II. Title.   III. Title: Bilingual handbook of
business correspondence and communication.
HF5728.F8D33   1989
    808'.066651 – dc19   88-38497   CIP

British Library Cataloging-in-Publication Data

Davies, Susan
    Manuel bilingue de correspondance et
communication dans les affaires: Français-
Anglais.
    1. English language. Business English. For non-
English speaking secretaries   2. French language.
Business French.
    I. Title.   II. Esnol, Armel.
    808'06665'1021

    ISBN 0-13-079773-1

---

1 2 3 4 5   93 92 91 90 89

ISBN 0-13-079773-1

TABLE DES MATIERES/CONTENTS

Organization of the book

This book is divided into two halves with each half split into three main sections (A, B, and C). The first half of the book is aimed principally at the French-speaking user whose target foreign language is English. The second half is aimed principally at the English-speaking user whose target foreign language is French. The bilingual contents on page v provide an overview of the contents of the whole book.

Each half starts with its own contents which index all the items covered in that half. Every item is clearly numbered and can be found easily by reference to the heading at the top of each page and by page number.

The English-speaking user should turn to page 119 for the contents of the second half of the book. Sections A, B, and C provide information on French commercial correspondence, business communication, business practice and general culture. All instructions and explanations are in English but the model business letters, telexes and useful phrases are in French.

For ease of cross-reference, the numbering system in each half of the book corresponds directly. The English-speaking user can therefore cross-refer the items in the second half of the book to the corresponding items in the first half of the book.

In the phrase section (A5–10), users can check the equivalent model phrases in their own language in the first half of the book.

Example: First half (French-speaking user):

Volet A 7.4.2 Donner des instructions à un agent

Second half (English-speaking user):

Section A 7.4.2 Instructing an agent

There is a short Abbreviations section at the end of each half of the book.

Organisation du livre

Ce livre est divisé en deux moitiés qui comprennent trois volets chacune (A, B et C). La première moitié s'adresse principalement à l'utilisateur francophone dont la langue cible est l'anglais. La deuxième moitié s'adresse à l'utilisateur anglophone dont la langue cible est le français. Le sommaire page v indique la totalité du contenu de l'ouvrage.

Chaque moitié est précédée d'un sommaire qui indique la référence de l'intégralité de son contenu. Chaque article est numéroté de façon claire et peut être retrouvé facilement en se référant aux indications en haut de page ainsi qu'au numéro de page.

L'utilisateur francophone trouvera en page 3 le sommaire de la première moitié de l'ouvrage. Les volets A, B et C donnent des informations sur la correspondance commerciale anglaise (et américaine), la communication et les pratiques courantes dans les affaires ainsi que des indications de culture générale. Toutes les recommandations et explications sont fournies en français mais les modèles de lettre et télex ainsi que les expressions utiles sont en anglais.

Pour faciliter les renvois, les numéros de référence de chaque moitié de l'ouvrage correspondent exactement. L'utilisateur francophone peut donc se référer aux articles de la deuxième moitié de l'ouvrage qui correspondent à ceux de la première moitié.

Dans la section consacrée aux phrases-types (A5–10), l'utilisateur peut en vérifier le sens en se référant aux phrases-types équivalentes dans sa propre langue données dans la deuxième moitié de l'ouvrage.

Exemple: Première moitié: (francophone)
        Volet A 7.4.2 Donner des instructions à un agent
        Deuxième moitié: (anglophone)
        Section A 7.4.2 Instructing an agent
On trouvera une liste d'Abréviations à la fin de chaque moitié de l'ouvrage.

Acknowledgements

Prentice Hall Managing Editor: David W. Haines
Editorial/production development and supervision:
Apollo Publishing, Leeds, UK

The publishers would like to thank the many organizations and individuals who provided information and sample materials. Particular thanks to David Tye, Steven Constable, Leeds Chamber of Commerce and Industry and to the Department of European Business at Leeds Polytechnic and the Modern Languages Department of Leeds University, UK.

Manuel Bilingue de Correspondance et Communication dans les Affaires

Français – Anglais

TABLE DES MATIERES

Introduction

VOLET A   CORRESPONDANCE COMMERCIALE

lère Partie   Présentation de la lettre commerciale

2ème Partie   Les expressions utilisées en correspondance commerciale

VOLET B LA COMMUNICATION D'AFFAIRES

VOLET C DOSSIER SUR LES AFFAIRES ET LA CULTURE BRITANNIQUES

INTRODUCTION

Cette moitié du livre se compose de trois volets:

VOLET A   CORRESPONDANCE COMMERCIALE

1ère Partie   Présentation de la lettre commerciale
Présentation et style d'une lettre commerciale moderne avec explications des différentes parties d'une lettre commerciale britannique et américaine. Description du style de la correspondance commerciale et conseils pour la rédaction d'une lettre. Des exemples sont donnés chaque fois qu'il est nécessaire.

2ème Partie   Les expressions utilisées en correspondance commerciale
Sélection d'expressions et de phrases tirées de lettres authentiques pour constituer un ensemble d'expressions équivalentes à utiliser comme exemples de style commercial moderne et comme source de référence. Ces expressions sont classées en fonction de leur thème.

VOLET B   LA COMMUNICATION D'AFFAIRES

Description de l'usage en vigueur en matière de téléphone, télex, télégrammes, télémessages au Royaume-Uni avec exemples de chaque moyen de communication.

VOLET C   DOSSIER SUR LES AFFAIRES ET LA CULTURE BRITANNIQUES

Conçu comme une source d'information pour la visite professionnelle en Grande-Bretagne. Informations générales sur le pays ainsi que description des transports, des heures d'ouverture, des services postaux et des télécommunications. On y trouvera également une présentation des attitudes britanniques habituelles. Bien qu'une généralisation à propos des attitudes d'une nation toute entière soit peu recommandée, les conseils figurant dans ce livre sont fondés sur les réflexions de beaucoup de visiteurs étrangers. Ils devraient permettre de reconnaître les conventions sociales communément acceptées en Grande-Bretagne.

A la fin de ce volet, on trouvera une liste des sources d'information considérées comme utiles pour le voyageur.

Bien que toutes les indications fournies aient été vérifiées et soient exactes à la date de publication, le monde des affaires est en constante évolution et certaines informations pourraient ne plus être d'actualité ultérieurement.

VOLET A:
CORRESPONDANCE COMMERCIALE

1ère Partie   Présentation de la lettre commerciale

1   Mise en page d'une lettre commerciale britannique

☐ 1.1 L'en-tête

Une lettre commerciale présente un en-tête imprimé qui mentionne le nom, l'adresse et le numéro de téléphone de l'expéditeur. On peut aussi y trouver le numéro de télex, de télécopieur, l'adresse télégraphique ou le numéro de la *Telecom Gold Mailbox* (Boîte Postale télex) ainsi que le numéro de référence *VAT*, c'est à dire la TVA sur les marchandises et les services. (Voir Volet C 1.5.)

Ltd après le nom d'une société signifie *Limited* et indique que la société possède des actionnaires qui ne sont responsables financièrement en cas de faillite qu'à hauteur du capital investi. Dans le cas où une telle société vous doit de l'argent et fait faillite, vous ne pouvez obtenir que ce que la société possède (*limited liability*). Les actions ne peuvent être achetées par le public.

PLC/plc signifie *Public Limited Company* et indique que les actions peuvent être vendues dans le public.

& Co montre que la société est une association entre deux ou plusieurs personnes. Les *partnerships* (sociétés de personnes) peuvent être à responsabilité limitée ou non. Les noms des associés figurent généralement dans l'en-tête.

Les mentions *& Son, Sons* ou *Bros* (*brothers*) peuvent être ajoutées après le nom de la société pour indiquer que les membres d'une même famille font partie de l'affaire.

La société peut être gérée par une seule personne, un *sole trader* (propriétaire-gérant) auquel cas il n'y a aucune autre mention après le nom.

Board of Directors (Conseil d'Administration) On peut aussi indiquer les noms des administrateurs (qui décident de la politique générale).

Addresses Les autres implantations de la société peuvent aussi être citées.

Registered number C'est le numéro donné à la société lors de sa déclaration. On mentionne le plus souvent aussi le nom du pays ou de la ville où s'est faite la déclaration. Ces indications figurent généralement en bas de page.

Un *logo* est l'emblème ou la marque déposée de la société.

☐ 1.2 Les différentes parties de la lettre

1.2.1 Les références

Sur du papier à en-tête, les références sont généralement pré-imprimées: *Your ref:* ou *Our ref:*. Une référence sera constituée des initiales de l'auteur et de la secrétaire: (*PJD/SD*), d'un numéro de dossier, de compte ou de client.

1.2.2 La date

Elle se met au-dessous des références. A ne pas écrire en abrégé (1/9/89) car ceci peut prêter à confusion (voir Volet A 2.7.2). Ordre: jour, mois, année: *1 September 1999*. Le mois s'écrit avec une majuscule. Il n'est plus nécessaire d'ajouter *st,nd,rd,th* après le numéro du jour.

1.2.3 La suscription (adresse du destinataire)

Il faut aller à la ligne après chacun des points suivants:

Titre + initiales/prénom + nom de famille + titre honorifique ou universitaire + mention/niveau (*Hons: Honours* – il s'agit d'un diplôme universitaire de niveau supérieur à un *ordinary degree*.)	Mr J A Pickard BA (Hons)
Fonction dans la société	Product Manager
Raison sociale de la société	International Bank plc
Nom de l'immeuble	Telstar House
Numéro + rue/route/avenue	132–3 Arlington Road
Nom de la ville	Tonbridge
Nom du comté et code postal	Kent TN9 1AA

Aucun mot de cette adresse ne doit être écrit en abrégé:
Road et non pas *Rd*
Street et non pas *St*
Avenue et non pas *Ave*.

1.2.4 Les titres

Si le nom du destinataire est connu:

Mr – pour un homme Mr M C Graham
Miss – pour une femme non mariée Miss Jane Seath
Mrs – pour une femme mariée Mrs Margaret West
Ms – pour une femme dont on ignore si elle est mariée ou dans un contexte où ce renseignement n'apporte rien Ms A C Monk
Messrs – pour deux hommes ou plus Messrs Smith and Jones
Ces titres ne sont jamais écrits en toutes lettres.
Autres titres *Doctor, Professor, Captain, Major, Colonel,* etc.

Les initiales: dans le cas de plusieurs prénoms, ne mettre que les initiales.
Mr F D Evans.
Un seul prénom doit être écrit en toutes lettres:
Ms Susan McCartney.

Esq est maintenant rare; utilisé seulement pour les hommes, il se place après le nom de famille sans titre: *P Hormer Esq.*

Ordres, décorations, médailles et diplômes universitaires: On les place après le nom; on doit prendre soin de les recopier sur un envoi précédent. On peut les vérifier dans l'un des ouvrages suivants:

Burke's Peerage, Baronetage and Knightage
Debrett's Peerage and Titles of Courtesy
Kelly's Handbook to the Titled, Landed and Official Classes
Burke's Landed Gentry
Who's Who

Pour plus de renseignements sur le protocole, s'adresser au Protocol Office, Foreign and Commonwealth Office, King Charles Street, London SW1. En général, les ordres de chevalerie sont mentionnés en premier, sauf dans le cas d'une *VC (Victoria Cross)* ou d'une *GC (George Cross);* puis viennent les décorations, suivies des diplômes universitaires (le moins élevé en premier), et enfin, les qualifications professionnelles ou non universitaires.

Exemples: Mr John Smith DSO OBE MP
Miss M S O'Callaghan BA Dip RSA FRSA

Si le nom du destinataire est inconnu:

1. Indiquer (en le devinant au besoin), la fonction de la personne: *The Sales Manager, Public Relations Officer,* etc.
ou
2. Indiquer le service: *Accounts Department, Sales Department,* etc.
ou
3. Indiquer seulement la raison sociale de la société.

1.2.5 Les formules d'appel

Dear Sir	pour un homme dont le nom est inconnu
Dear Sirs	à une société
Dear Madam	pour une femme (célibataire ou mariée) dont on ne connaît pas le nom
Dear Sir or Madam	pour une personne dont on ne connaît ni le nom ni le sexe
Dear Mr Smith ⎫ Dear Mrs Jones ⎬ Dear Ms Carter ⎭	pour quelqu'un dont on connaît le nom

Ne jamais faire figurer les initiales dans la formule d'appel.

On doit toujours indiquer le nom avec le titre: *Dear Doctor Lee* (et non pas *Dear Doctor*).

Si la personne possède un titre particulier, il y a pour cela des conventions d'usage pour la formule d'appel, la formule finale et l'adresse sur l'enveloppe. On en trouvera le détail dans *Titles and Forms of Address*. Le *Whitaker's Almanack* possède aussi une section sur les façons de s'adresser à des personnes de haut rang ou titrées. Pour ce qui est de l'organisation de cérémonies, la préséance des invités, les plans de table et les toasts d'honneur, voir *Debrett's Correct Form* (Kelly's Directories Ltd).

1.2.6 Les formules de politesse

Une lettre qui commence par:	se termine par:
Dear Sir	Yours faithfully
Dear Sirs	
Dear Madam	
Dear Sir or Madam	

Une lettre qui commence par:	se termine par:
Dear Mrs Jones	Yours sincerely
Dear Ms Ferguson	
Dear Dr Johnson	

1.2.7 La signature

La signature est suivie du nom de l'expéditeur dactylographié avec son titre (s'il n'y en a pas, il s'agit généralement d'un homme).

Yours faithfully

T. M. Jones

T M Jones (Ms)

Sous le nom, on trouve ensuite la fonction de l'expéditeur dans la société:

Yours sincerely

J. Davis

J Davis
Personnel Manager

Quelquefois *pp* (pour ou de la part de) signale que cette personne est légalement autorisée à écrire au nom de la société ou de signer pour quelqu'un d'autre.

Yours sincerely
pp Blake Electronics plc
P. E. Wright
P E Wright (Ms)
Chief Accountant

Yours faithfully
A. Stevens
pp S Constable (Miss)
Managing Director

En général, le nom dactylographié reprend les éléments de la signature, qui vous est personnelle:

avec votre premier et votre deuxième prénom *John David Jones*

avec votre premier prénom et l'initiale du deuxième *John D. Jones*

avec uniquement les initiales de vos prénoms *J. D. Jones*

Pour répondre à une lettre, on reprend la signature dactylographiée.
Exemples:

Signature	**Formule d'appel**
Yours sincerely *Pamela Seath* Pamela Seath (Ms)	Dear Ms Seath
Yours sincerely *Rupert M. Downey* Rupert M Downey MD	Dear Dr Downey
Yours sincerely *Ellen Mary Moore* (Mrs) Ellen Mary Moore	Dear Mrs Moore
Yours sincerely *P. R. Scott* P R Scott	Dear Mr Scott

Note: les messieurs ne mentionnent généralement pas leur titre; s'il n'y a pas de titre et que seules les initiales sont indiquées, il s'agit sans aucun doute d'un monsieur.

1.2.8 Autres mentions

Private and confidential: indiqué sous la suscription (et sur l'enveloppe). On trouve aussi *Confidential* ou *Private* ou encore, *Strictly Confidential.*

cc (carbon copies): à la fin de la lettre, ceci indique le nom des personnes qui en ont reçu copie.

enc ou *Encl* (pluriel, *Encs*): figure en bas à gauche et indique la présence d'autres documents joints à la lettre.

For the attention of: figurant après la suscription, cette mention attire l'attention sur la personne véritablement destinataire. Dans ce cas, il est inutile de mentionner ce nom dans la suscription même.

1.2.9 Mise en page et ponctuation

Il est très courant de ne pas utiliser de ponctuation (sauf dans le corps de la lettre). Il en va de même pour les abréviations qui ne prennent plus de point. C'est surtout le cas dans la présentation 'américaine' en bloc, où toutes les lignes commencent à la marge de gauche.

Le style avec alinéa (en retrait), moins usité de nos jours, garde une ponctuation complète.

Système bloc sans ponctuation: Présentation classique avec
                                             alinéas et ponctuation complète:

1.2.10 Les majuscules

1. On met une majuscule aux grades, titres et charges quand on les mentionne avec le nom: *President Reagan, Reverend Thomas, Doctor Williams.*
2. De même lorsqu'ils sont utilisés sans le nom de la personne mais concernent quelqu'un en particulier: *The Prime Minister will visit France next month.*
3. On ne met pas de majuscule aux grades, titres et charges quand on ne fait pas référence à une personne en particulier: *A new prime minister is elected every five years.*
4. Pour des fonctions élevées dans une société, on utilisera une majuscule: *I should be grateful if you would ask your Chief Engineer to inspect the machinery.* De même, par politesse, on utilisera une majuscule quand on écrit à d'autres sociétés: *Following our meeting with your Products Manager.* Mais quand il s'agit de la fonction en général, on ne mettra pas de majuscules: *The number of salesmen could be reduced by more efficient use of the phone.*
5. On utilise des majuscules dans le cas d'abréviations et d'initiales: *Mr T G Blake BA.*
6. Dans le passé, on mettait en majuscules tous les titres et les avis; ce n'est plus le cas maintenant: *Micros for the Arts.* Dans les titres de livre, chaque mot important prend une majuscule: *The State of the Nation.*
7. Les noms de personne, de lieu, de société, de jour et de mois (mais pas de saison) prennent une majuscule: *James Turner heard on Monday that he's got a job with Artefact Ltd in Scotland; he has been looking for a new job since the spring. He's leaving at the end of July.*

1.2.11 Exemples de lettres

La lettre ci-dessous (présentation en bloc) est une réponse à une demande de renseignements. On peut noter:
le style en bloc, où chaque ligne commence à la marge de gauche sans alinéa;
l'absence de ponctuation, sauf dans le corps du texte.

Références	Our ref IB/RLS
Date (sans -th)	9 July 19—
Suscription	Ms S Evans Cartel Learning Systems Ltd 13 Winters Street LONDON WC2
Formule d'appel	Dear Ms Evans
Corps de la lettre	Thank you for your letter of 29 June in which you showed interest in our products. Enclosed is our latest price-list and catalogue. You will see from the information that we provide a

comprehensive training programme for each of our systems.

Please contact me should you require any further information.

Formule finale ——— Yours sincerely

Signature ——— *Isobel Beriedé*

Isobel Beriedé
Sales and Marketing Department

Pièces jointes ——— Encs

On peut noter dans cet exemple d'une lettre avec alinéa:
la présentation mixte avec la suscription en bloc à la marge de gauche, mais avec la date à droite et un alinéa marquant chaque paragraphe; de plus toute la ponctuation est respectée;
la façon dont l'auteur a écrit à la main les formules d'appel et de politesse pour donner un tour moins formel et plus amical à la lettre.

Our ref: AJS/DP   10th January, 19—

La ponctuation figure ici. ———

Mrs A. Berens,
Creasport Production,
Hameentie, 36,
00560, Helsinki.

Dear Anna

Les mentions manuscrites indiquent une relation plus amicale venant du fait que ces deux personnes se sont déjà rencontrées en dehors du contexte professionnel.

First of all, thank you very much for a thoroughly enjoyable evening at the theatre last night. The Golden Cockerel was certainly very spectacular and one of the most entertaining operas I have seen for quite a while.

Now on to business. During the interval last night, we discussed The Information Technology Programme and I said I would send you some information. I enclose the relevant handbook which also gives details of other courses which we operate.

I hope you find this information of use and look forward to seeing you in the near future.

Best wishes to you and David.

Michael

Michael Catton
Senior Training Officer

Enc.

☐ 1.3 La rédaction de l'enveloppe

Le nom et l'adresse sont disposés de la même façon que dans la suscription, mais on peut ici utiliser des abréviations:

Road	*Rd*
Avenue	*Ave*
Street	*St*
Hertfordshire	*Herts*

Ms S Pritchard
Research Assistant
Hertfordshire College of Art and Design
7 Hatfield Rd
ST ALBANS . . . . ville en majuscules
Herts
UNITED KINGDOM . . . . . . pays en majuscules
AL1 3RS . . . . code postal sur une ligne séparée

Liste des noms de comtés et leurs abréviations acceptées par les postes britanniques:

Bedfordshire	Beds
Berkshire	Berks
Buckinghamshire	Bucks
Cambridgeshire	Cambs
Gloucestershire	Glos
Hampshire	Hants
Hertfordshire	Herts
Lancashire	Lancs
Leicestershire	Leics
Lincolnshire	Lincs
Mid Glamorgan	M Glam
Middlesex	Middx
Northamptonshire	Northants
Northumberland	Northd
Nottinghamshire	Notts
Oxfordshire	Oxon
Shropshire	Shrops/Salop
South Glamorgan	S Glam
Staffordshire	Staffs
Warwickshire	War
West Glamorgan	W Glam
Wiltshire	Wilts
Worcestershire	Worcs
Yorkshire	Yorks

On peut mettre *North, South, East, West* et *County* en abrégé:
N, S, E, W et *Co.*

2 La lettre commerciale américaine

☐ 2.1 Mise en page

Elle est pratiquement identique à celle d'une lettre britannique. L'absence de ponctuation (sauf dans le corps de la lettre) et la présentation en bloc (toutes les lignes commencent à la marge de gauche) sont les formes les plus communes.

☐ 2.2 Les formules d'appel

Gentlemen est la formule la plus courante. S'il s'agit d'une lettre adressée à une société mais destinée à une personne en particulier, on procède de la façon suivante:

January 1 19—

American Corporation
Advertising Department
123 Park Towers
Zanesville ST 4567

Attention Mr Jon Esling

Gentlemen:

Si l'auteur désire signaler qu'il s'adresse à la fois aux messieurs et aux dames, la formule d'appel conventionnelle est la suivante:
Ladies and Gentlemen ou *Dear Sir or Madam*
La formule *Dear Sir*, courante dans les lettres britanniques, est ici considérée comme archaïque.
Les formules les plus usitées sont:
Gentlemen
Dear Mr (ou Ms, Mrs, Miss, Dr, Professor) Jones
Dear Bob
Il y a aussi une version 'simplifiée' pour la correspondance adressée à une société en général où la formule d'appel et la formule finale sont omises.

□ 2.3 Les formules de politesse

Comme dans l'usage britannique, seul le premier mot prend une majuscule:

Degré de formalité

Formule finale

Très formel – pour montrer
déférence et respect

Respectfully yours
Respectfully
Very respectfully

Neutre – pour la correspondance
courante

Very truly yours
Yours very truly
Yours truly

Amical et moins formel – aussi utilisé
pour la correspondance courante

Most sincerely
Yours cordially
Very sincerely yours
Sincerely yours
Yours sincerely
Sincerely

Très familier – pour les cas où on se
connaît très bien

As ever
Best wishes
Best regards
Kindest regards
Kindest personal regards
Regards

□ 2.4 La rédaction de l'enveloppe

Les services postaux des Etats-Unis recommandent d'écrire l'adresse entièrement en majuscules sans ponctuation.

MR M S PROCHAK PRESIDENT ....nom suivi de la fonction, s'il y a la place de la mettre

SILICON PRESS CORP

276 MAIN BLVD SUITE 60...................................numéro de suite, de pièce ou d'appartement après le nom de la rue

FAIRMONT MT 235867 .... ville, état et code *ZIP* (voir ci-dessous) sur la même ligne

USA

Le code abrégé de l'état en deux lettres est obligatoire ainsi que le *ZIP* (*Zone Improvement Plan*) code (l'équivalent du *postcode* au Royaume Uni).

☐ 2.5 Abréviations des noms d'Etats (aux USA et dépendances)

Alabama	AL	Kansas	KS	Ohio	OH
Alaska	AK	Kentucky	KY	Oklahoma	OK
Arizona	AZ	Louisiana	LA	Oregon	OR
Arkansas	AR	Maine	ME	Pennsylvania	PA
California	CA	Maryland	MD	Puerto Rico	PR
Canal Zone	CZ	Massachussetts	MA	Rhode Island	RI
Colorado	CO	Michigan	MI	South Carolina	SC
Connecticut	CT	Minnesota	MN	South Dakota	SD
Delaware	DE	Mississippi	MS	Tennessee	TN
District of		Missouri	MO	Texas	TX
Columbia	DC	Montana	MT	Utah	UT
Florida	FL	Nebraska	NE	Vermont	VT
Georgia	GA	Nevada	NV	Virginia	VA
Guam	GU	New Hampshire	NH	Virgin Islands	VI
Hawaii	HI	New Jersey	NJ	Washington	WA
Idaho	ID	New Mexico	NM	West Virginia	WY
Illinois	IL	New York	NY	Wisconsin	WI
Indiana	IN	North Carolina	NC	Wyoming	WY
Iowa	IA	North Dakota	ND		

☐ 2.6 Exemple de lettre américaine

Orange County Van & Storage Company
13871 Newhope Street, Garden Grove, California 92643 714/537-3155

May 31 19—

RCM Manufacturing Company Inc
4022 Ninth Avenue
New York, New York 10055

Gentlemen:

We intend to purchase a new copier before the end of our fiscal year which is August 30. We have heard good reports about your products and wonder if you have a model that would suit our needs.

Our office is not particularly large and we employ only four secretaries who would be the principal users. We have estimated that we run approximately 3,000 copies a month and we would prefer a machine that uses regular paper. We should also like to be able to reduce and enlarge.

Please let us know your warranty and repair service.

We hope to hear from you soon.

Sincerely yours,
ORANGE COUNTY VAN AND STORAGE CO

Michael Sheldon
Manager

Glossaire:

USA	UK
Inc (Incorporated)	Ltd (Limited)
May 31	31 May
Gentlemen:	Dear Sirs
fiscal	financial
regular	normal
warranty	guarantee
Sincerely yours	Yours faithfully

☐ 2.7 Usages britanniques et américains

2.7.1 Différences orthographiques

1. La terminaison anglaise *-our* devient *-or* en américain:

sens britannique	sens américain
neighbour	neighbor
favour	favor
labour	labor

2. La terminaison *-gue* devient *-g*:

catalogue	catalog
monologue	monolog
dialogue	dialog

3. La terminaison *-re* devient *-er*:

theatre	theater
centre	center
calibre	caliber

4. En anglais, les radicaux terminés en -*l* redoublent la consonne finale quand le suffixe commence par une voyelle:

dial – dialled, dialling	dial – dialed, dialing
travel – travelled, travelling	travel – traveled, traveling
wool – woollen	wool – woolen

5. Plusieurs mots terminés par -*ce* se terminent en -*se* en américain:

defence	defense
licence (nom)	license
offence	offense

6. On trouvera d'autres exemples de variation orthographique dans un dictionnaire anglais-anglais:

tyre	tire
cheque	check
aluminium	aluminum
aeroplane	airplane

En matière de vocabulaire, il y a deux sources possibles de confusion – voir Volet A 2.7.2.

2.7.2 Variations du sens des mots

Deux mots différents pour désigner la même chose:

sens britannique	sens américain
autumn	fall
bonnet (voiture)	hood
current account	checking account
flat	apartment
flyover	overpass
full stop	period
holiday	vacation
lift	elevator
Limited Company (Ltd/PLC)	Corporation (Inc)
No (number)	#
pavement	sidewalk
PTO (Please Turn Over)	over
rates	property tax
saloon	sedan
timetable	schedule
toilet	bathroom/restroom
underground/tube	subway

Grâce aux chansons, aux films, aux émissions de TV et aux chaînes de fast food américains, la plupart des Britanniques connaissent les mots ci-dessus dans leur deux acceptions; l'inverse est plus improbable.

Il y a un groupe de mots qui peuvent prêter à confusion car ils ont des sens différents bien qu'utilisés dans le même contexte:

sens britannique	sens américain
11.1.90 (11 January)	1.11.90 (11 January)
1.11.90 (1 November)	11.1.90 (1 November)
billion	trillion (voir note Volet B 1.1.2: l'usage américain s'impose de plus en plus au Royaume-Uni)
one thousand million	billion
quite good	all right
very/really	quite
ground floor	first floor
first floor	second floor
to table a motion (meetings)	to submit a topic for discussion
to postpone a topic for discussion	to table a motion
petrol	gas
gas	gas

3   Le style d'une lettre commerciale britannique

☐   3.1   Les abréviations

N'utiliser que celles dont vous savez que vos correspondants les connaissent: *USSR, UK, USA, £50, etc.* De plus, certains mots sont toujours en abrégé: *am, pm, NB, eg, ie.* (Voir aussi Volet B 2.3.) Dans la correspondance formelle, ne pas utiliser de formes contractées:

A ne pas utiliser	A utiliser
don't	*do not*
won't	*will not*
can't	*cannot*

☐   3.2   Les problèmes de compréhension

3.2.1   La longueur des phrases

Il faut éviter les longues phrases qui peuvent devenir confuses et difficiles à comprendre:

Interest will continue to accrue from the date of your statement until your payment is received, and for this reason, although a payment is made for the balance shown on a given statement, a residual interest charge will appear on the subsequent statement.

Cette phrase est trop longue. En moyenne, vos phrases ne devraient pas excéder 20 mots. Vous pouvez faire varier la longueur, en utilisant une phrase courte pour insister sur un point important. Introduisez une information nouvelle en une seule phrase:

Interest accrues from the date of your statement until payment is received. Any interest accrued in this period appears on your next statement.

3.2.2 Ponctuation

We are investigating the possibility of buying twenty two tonne trucks.
Ceci pourrait signifier:
a) 22 camions (twenty-two)
b) 20 camions (twenty two-tonne)

3.2.3 Ordre des mots

We received the statement which was overdue in March.
Ceci pourrait signifier:
a) Nous l'avons reçu en mars.
   We received the overdue statement in March.
b) On aurait dû le recevoir en mars.
   We received the overdue March statement.

3.2.4 Les pronoms

He had to leave him to continue with his report.
Ceci pourrait signifier:
a) La personne qui est partie devait écrire le rapport.
   He had to leave him as he had to go to continue his report.
b) La personne qui est restée devait écrire le rapport.
   He had to leave him so that John could get on with his report.

3.2.5 Messages abrégés

L'auteur sait sans doute ce qu'il veut dire, mais le lecteur ne voit que ce qui figure sur le papier:
GOODS DESPATCHED 21 FEBRUARY DAMAGED
Ceci veut-il dire que les marchandises sont arrivées endommagées ou que les dégâts se sont produits après l'arrivée?

☐ 3.3 Le jargon à éviter

Ne pas utiliser des mots archaïques qui ne veulent plus rien dire.
Exemples:

A ne pas utiliser	A utiliser
attached hereto	*attached*
at your earliest convenience	*as soon as possible*
we are in receipt of	*we have received*
enclosed please find	*enclosed is*
we have received same	*we have received it*
we beg to advise you	*your cheque has arrived*
your cheque has arrived	

□ 3.4 Orthographe

Les fautes d'orthographe donnent au lecteur l'image d'une société peu efficace. Si vous n'avez pas de dictionnaire correcteur dans votre programme de traitement de texte, vous devrez compter sur vos seules connaissances pour que votre lettre soit d'un niveau de correction suffisant pour être expédiée. Evitez en particulier les erreurs sur les mots qui se prononcent pareil mais ont des sens différents. Voici une liste des mots les plus couramment confondus. Vérifiez dans un dictionnaire que vous en connaissez le sens.

affect	effect
counsel	council
ensure	insure
except	accept
fare	fair
for	four
formally	formerly
passed	past
peace	piece
practice	practise
principal	principle
stationary	stationery

Attention aux gallicismes ou faux-amis classiques lors du passage du français à l'anglais. Il y a presque trois fois plus de mots en anglais qu'en français: si vous prenez le premier mot que vous donne le dictionnaire, vous **avez donc de** grandes chances de vous tromper. Ces erreurs peuvent causer un tort considérable: par exemple, *delay* signifie retard et non pas délai (*deadline, time limit*). Votre société ne paraîtra donc pas très sérieuse si elle annonce un retard de 15 jours dès sa première cotation! Il en va de même pour *ready* qui signifie que vous êtes prêts (équipés pour) et non pas *willing*, c'est à dire désireux, de fournir ce que l'on vous demande.
Vous trouverez la liste de ces mots dans les glossaires de faux-amis.

□ 3.5 Le ton

3.5.1 L'argot

N'utilisez pas de mots de la langue parlée (voir Volet A 3.6.2).
Comparez ces deux phrases:
I'm sure we checked the lot and found it was all OK.
I am sure we checked everything and found each item was up to standard.

3.5.2 Le tact

Utilisez la voix passive:
ne dites pas:
You forgot to send the enclosures. mais: *The enclosures were not received.*

Ecrivez à la troisième personne:
ne dites pas:
I regret that I cannot authorize this payment. mais: *The company cannot authorize this payment.*

Prenez une part de responsabilité dans le problème:
ne dites pas:
You have not paid. mais: *We haven't received your cheque.*

Ne soyez pas trop précis:
ne dites pas:
You have made a mistake. mais: *It appears that a mistake has been made.*

Prenez des gants:
ne dites pas:
We cannot accept your order. mais: *Unfortunately we cannot accept your order as we have not yet received your letters of reference. We shall be delighted to process your order once we have received the necessary information.*

Adoptez une approche positive:
ne dites pas:
We regret to inform you that prices have increased by 15% owing to increased production costs. mais: *We are pleased to inform you that in spite of rising production costs, price increases are being kept down to 15%.*

☐ 3.6 Le degré de familiarité

3.6.1 Mots formels ou mots du langage courant?

Les mots de la colonne de gauche sont formels, alors que ceux de la colonne de droite donnent un ton plus familier:

accordingly	so
acquire	get
apparent	clear, plain
ascertain	find out
assist, facilitate	help
commence	begin
consider	think
consult	contact, talk to, see, meet
discontinue	stop, end
economical	cheaper
endeavour	try
erroneous	wrong, false
formulate	work out, devise
implement	do
in consequence of	because, as
in excess of	more than

initiate	start
necessitate	need, compel, force
obtain	get
remuneration	salary, pay, income, fee, wages
state	say
supplementary	extra, more
take cognizance of	notice, realize, know
terminate	end
utilize	use

Pour d'autres exemples, voir *Newman's English* (Rinehart and Winston).

Les mots cités dans la colonne de gauche sont toujours en usage en correspondance commerciale. Bien qu'ils soient plus faciles à comprendre pour un étranger, il faut savoir que leur utilisation en toutes circonstances pour s'adresser à des locuteurs natifs aura pour effet:

de rendre le message plus distant et moins amical (voire inamical)

de donner un ton plus officiel (voire pompeux) au message

de montrer votre haut degré d'éducation (voire votre prétention)

Par exemple, comparez:

In consequence of the non-payment of the above-noted account and your failure to avail yourself of the facilities afforded to you in our Reminder note sent to you on 16 inst, we are putting the matter in the hands of . . .

avec cette version moins pompeuse:

We still have not received your payment to clear the above account. We sent you a reminder on 16 May giving details of the different ways to spread your payments. As we have not heard from you, we are passing the matter over to . . .

3.6.2 Style

En style formel, on évite l'utilisation des pronoms *I*, *you* et *we*.

Formel: One should check whether one is insured against theft.

Familier: You should check whether you're insured against theft.

Note: Certaines sociétés recommandent d'utiliser plutôt le *we* que le *I* dans la correspondance officielle. Quand il utilise le *I*, l'auteur n'implique que lui-même. Ce qui fait que les deux pronoms peuvent très bien être utilisés dans la même lettre. Par exemple:

We have considered the report carefully and we feel that it is too early for us to make a decision. I should like to arrange further discussions to clarify some of the details.

Le recours au *we* permet, dans certains cas, de réduire la part de responsabilité personnelle de l'auteur. C'est la société et non l'auteur qui envoie le message. Par exemple:

Unless we receive your payment within seven days, we shall instruct our solicitors to start proceedings to recover the debt.

Bien que la distinction entre *who* et *whom* ait disparu en anglais parlé, certains auteurs y font appel pour paraître plus formels:

Formel: The Managing Director is seeking a company with whom they can merge.

Informel: The Managing Director is looking for a company who they can merge with.

L'emploi du passif peut aussi donner un tour plus formel au message:

Formel: This matter will be dealt with immediately.

Informel: Someone will deal with this matter immediately.

L'emploi de la structure impersonnelle avec *it* est plus formel:

Formel: It has taken him three weeks to answer my letter.

Informel: He has taken three weeks to answer my letter.

Comparez les deux lettres suivantes.

Adressée à un collègue avec lequel vous entretenez des relations depuis longtemps:

Dear John

I enjoyed seeing you last week and visiting your lovely city again. Many thanks for the wonderful meal.

I checked on the books you mentioned and they're coming out in 19—. I'll send you 20 copies of each title in the series as soon as they are published.

Perhaps you could give me a ring later in the month to talk about your new catalogue.

Many thanks again for looking after me.

With best wishes

Adressée à personne plus âgée et de rang plus élevé que vous avez recontrée une seule fois:

Dear Mr Smith

It was delightful to meet you last week and to visit your charming city. I should like to take this opportunity of thanking you for the superb meal.

With reference to our discussion, we can now confirm that the titles you mentioned will be available in 19—. We shall forward 20 copies of each title in the series as soon as they are published.

I look forward to discussing your forthcoming catalogue at a later date.

Thank you once again for your hospitality.

Yours sincerely

Vous pouvez aussi rendre vos lettres moins formelles en annotant la lettre type:

~~Dear Mr Seymour~~ *Dear John*

Enclosed is the latest report from our R and D Department on the feasibility of introducing the new component.

We hope to hear from you soon.

~~Yours sincerely~~ *With best wishes*

James

J A Martin
Assistant Research Officer

4 Le plan de la lettre

☐ 4.1 L'objet

Il donne un résumé de la teneur de la lettre et permet au lecteur de situer immédiatement de quoi il s'agit. L'auteur introduit ainsi son sujet et pourra s'y référer dans le corps de la lettre. Il n'est pas nécessaire de le faire précéder de la mention *Re*:

L'objet peut être imprimé en capitales, souligné ou en gras. Par exemple:

Dear Mr Collins

ACCOUNT NO 237999

Enclosed is the payment due on the above account . . .

Dear Ms Miller

H Marshall and Co

We have now received our reports concerning the above company and . . .

Dear Sir

Online search services

We are interested in finding out about the above service offered by your company.

Si la lettre est longue, complexe ou traite de plusieurs sujets d'importance égale, l'auteur se dispensera d'indiquer l'objet.

☐ 4.2 Le premier paragraphe

Faire allusion à la correspondance précédente:
Thank you for your enquiry of (date).
In reply to your letter of (date), I enclose details of our . . .
Thank you for your telex of (date) enquiring about our . . .
In answer to your telephone message earlier today, I can confirm . . .

S'il n'y a pas eu de correspondance échangée jusqu'alors:

soit a) se présenter:
     We are a (type de société) company in the (lieu) area and are interested in purchasing (produit).
     I plan to open (décrivez la société) in a prime site in (lieu).
     We are the main suppliers in the UK for . . .
soit b) expliquer le but de la lettre:
     I am writing concerning . . .
     Please find enclosed our order for . . .
     We are interested in purchasing . . .

☐ 4.3 Le corps de la lettre

On y donnera le détail du but poursuivi:

Enclosed are some leaflets which set out in detail the range of our products as well as the current price-list.
The booking was for a single room with shower for four nights from 19 to 22 September inclusive.
Would you please tell us if this firm has had any outstanding payments in the past or whether their business has been subject to bankruptcy proceedings?

☐ 4.4 Le dernier paragraphe

S'il s'agit d'une réponse, remercier à nouveau:
Once again thank you for your order.
                                     enquiry.
                                     interest.
                                     co-operation.

S'il s'agit d'une lettre d'excuses, les renouveler:
Let me apologize again for the delay in sending you this information.
Once again, please accept my apologies for taking so long to settle the account.

Si on désire obtenir quelquechose, le rappeler:
We look forward to receiving your quotation.
Please telex to confirm the reservation.

Si on désire une réponse:
We hope to hear from you in the near future.
I hope the enclosed information covers all your questions, but please do not
hesitate to contact us if there are any points which require clarification.
We hope that our terms are of interest to you and we look forward to hearing
from you.

2ème Partie   Les expressions utilisées en correspondance commerciale

5   Les demandes de renseignements

☐ 5.1 Première demande

5.1.1 Phrases d'introduction

We are considering buying . . .
                    purchasing . . .
                    installing . . .
We require for immediate delivery . . .
We are (décrivez la société) and are looking for a supplier of . . .
Please could you send us details of . . . as advertised in . . .
We are (décrivez la société) and are interested in purchasing . . .
                                                    buying . . .
Please could you send us your current price-list and catalogue.

5.1.2 Référence à l'origine du premier contact

We were given your name by . . .
You were recommended to us by . . .
Our associates in . . . speak highly of your products.
                                              services.
Your firm has been recommended to us by . . .
We understand from . . . that you can supply . . .
We saw your stand at the . . . Fair.
                               Exhibition.
We have seen your advertisement in . . .
Please forward details of . . . as advertised in . . .

5.1.3 Renseignements sur les conditions

Will you please let us know your prices for . . .
whether you could supply . . .
give us a quotation for . . .
Please send us further details of . . .
your current price-list.
your export catalogue.
details of goods which can be supplied from stock.
delivered immediately.
shipped immediately.

Could you let us know what you allow for cash or trade discounts.
We should appreciate it if you could let us know what discounts you offer for large orders.
Would you also forward details of packing and delivery charges as well as terms of payment and discounts.
Prompt delivery is essential and we would need your assurance that you could meet all delivery dates.
We should be grateful if you would forward any further information you may be able to give us about . . .
We can supply the usual trade references.

5.1.4 Conclusion de la lettre

We look forward to hearing from you as we should like to make a decision as soon as possible.
We should like to make a decision on this soon, so we should appreciate an early reply.
If the prices quoted are competitive, we shall be able to place regular and substantial orders.

☐ 5.2 Réponse à une demande de renseignements

Thank you for your enquiry of 9 July 19— in which you asked about . . .
Thank you for your enquiry of 9 July 19— about . . . Enclosed
is a copy of our latest catalogue.
current price-list.
are samples of various patterns together with our price-list.
qualities
With reference to your telephone enquiry today, we can offer you the following at the prices stated.

5.2.1 Réponse positive

We have pleasure in submitting the following quotation.
Our terms are net, payment due within 28 days from the date of invoice.
We can supply from stock and can meet your delivery date.

We can offer a large variety of . . . at attractive prices.

We can quote advantageous terms for . . .

We are able to supply any quantity of our goods without delay.

For orders of . . . and more we allow a special discount of . . . %.

We can deliver the quantities mentioned in your enquiry from stock . . . days from receipt of the order.

Our usual terms are bank draft against pro forma invoice.

                        documents against irrevocable letter of credit.

                        . . .% discount for payment within 28 days.

                        . . .% discount on net prices for orders over . . .

We can quote you a gross price, inclusive of delivery.

All list-prices are quoted FOB (port de destination) and are subject to . . .% trade discount paid by letter of credit.

Please note that these prices will be held for . . . days. If an order is not received within that period the prices quoted are subject to change.

5.2.2 Convaincre

Once you have seen our product, we are confident that you will find it to be the best value on the market.

You will not be disappointed in this product and our confidence in it is supported by a three-year guarantee.

The discount on offer can be allowed only on orders placed before (date).

We can offer you goods of the very highest quality and if you find them unsatisfactory in any way, you can return them to us without obligation.

We hope you will take full advantage of our exceptional offer.

5.2.3 Réponse négative

We regret we no longer supply this product and suggest you try (indiquer le nom d'une autre société) .

Owing to insufficient demand, we no longer produce the . . . you are interested in; however we can supply a similar type and details of these are enclosed.

The product you enquired about is manufactured by us but can only be supplied through one of our agents. Please contact (indiquer le nom et l'adresse de l'agent) who will be pleased to deal with your enquiry.

5.2.4 Conclusion de la lettre

If there is any further information you require, please do not hesitate to contact us. Meanwhile we look forward to hearing from you soon.

We hope we have the pleasure of receiving your order for the above and look forward to hearing from you.

We are sure our offer will interest you and look forward to receiving your order.

We hope to hear from you soon and can assure you that your order will be dealt with promptly.

As you can see our prices are extremely competitive and, as they are likely to increase within the next three months, we advise you to place your order as soon as possible.

We recommend that your order is forwarded as soon as possible since supplies are limited.

□ 5.3 Exemples de lettres

Demandes de renseignements brèves: les demandes de renseignements brèves sont souvent envoyées par télex, télécopieur, ou faites par téléphone. En voici quelques exemples:

Dear Sir

I visited your stand at the recent Interstoffe Trade Fair. We have a copy of your catalogue and price-list.

Would you let us know if you would change your terms to cash on arrival with 5% discount?

Our agent, Mr Rapfel, will contact you to discuss terms before the end of the month.

Yours faithfully

Dear Mr Tanner

From our mutual friend, Alan Walters, I understand you are interested in selling your machines on this market.

Please let me have your price-lists and literature.

Prices should be calculated for D/A 30 days, CIF and include my commission of 7%.

Yours sincerely

Cotation en réponse à une demande de renseignements:

Dear Sir

Thank you for your enquiry. We have pleasure in quoting you the following:

Concord Wenda Lighting	ref 984	98.26
Aluminium pole (3500mm)	ref 879	300.25
Aluminium pole (4000mm)	ref 239	312.28
Cable boxes (Group A)	ref 237	38.40
Ditto (Group B)	ref 238	37.98

Relevant information sheets are enclosed. All prices charged are those ruling on the date of despatch.

We look forward to receiving your order.

Yours faithfully

Réponse négative à une demande de renseignements :

Dear Mr Simmons

Thank you for your letter of 16 April, regarding your activity New Sound and Vision; we apologize for the delay in replying.

We are indeed the authorized distributor for MCA gas lasers. We hold a stock of lasers here in Bookham for immediate delivery to customers. Unfortunately we do not have the 50mW HeNe laser in stock. We regret, therefore, that we are unable to make such a unit available for your project.

We have passed your letter to our colleagues at MCA and they have agreed to contact you directly, although we believe they may well have the same stock situation as ourselves.

Yours sincerely

6 Les commandes

Les commandes sont généralement rédigées sur un bon de commande officiel de la société ou encore, par télex ou téléphone. Une lettre de confirmation doit suivre qui en reprend les termes.

☐ 6.1 Lettre de couverture

6.1.1 Phrases d'introduction

Thank you for your quotation of (date). The prices and terms are acceptable and enclosed is our order number . . .
To confirm our order, please find enclosed our order form for (quantité) (description) for immediate shipment.

6.1.2 Donner les détails de la procédure de livraison

Please forward the consignment by air.
Please arrange for delivery by train.
Please send the goods   by scheduled freighter.
                             by road.
Please ensure that the enclosed packing instructions are followed carefully.
The goods   must be   packed
             should be   wrapped   according to our instructions.
             are to be   crated
                         marked

Delivery before November is essential to allow us time to distribute the goods to our outlets by Christmas.

6.1.3 Confirmer les conditions de paiement

As this is our first order with you, we shall pay cash against documents as agreed.

We shall take advantage of the generous discount you offer for prompt settlement.

For the amount invoiced and the charges you may draw on us at . . . days' notice.

We should like to confirm that payment is by irrevocable letter of credit.

Once the order is received, we shall forward a banker's draft.

As agreed, payments will be made quarterly.

We should like to thank you for the . . .% trade discount and the . . .% discount on orders over the value of . . . pounds sterling.

6.1.4 Conclusion de la lettre

We look forward to receiving your shipment.
                                   advice of despatch.
                                   acknowledgement of . . .
                                   confirmation of . . .
We look forward to dealing with you in the future.
We hope that this will be the first of many satisfactory transactions between us.

☐ 6.2 Confirmation d'une commande

6.2.1 Remerciements

Thank you for your Order Number . . ., for which we enclose our official confirmation.

Thank you for your letter of (date) and for the order which you enclosed.

6.2.2 Informer le client de ce qui est fait

Your instructions have been carefully noted and we hope to have the goods ready for despatch on . . .

Delivery will be made on
                            next (date).
                            by
                            as soon as possible.
                            within the next three weeks.
We have already made up your order and are now making arrangements for immediate shipment.

The goods were forwarded today by air.
           will be sent tomorrow by train.
                                  by sea.

Your order is now being processed and should be ready for despatch by next week.

The processing of your order will unfortunately take up to three months as we are waiting for parts.

As requested, we have arranged insurance and will attach the policy to the air waybill.

6.2.3 Avertir le client du fait que la marchandise a été expédiée

Le fournisseur peut envoyer une lettre ou un *Advice Note* (avis d'expédition). Il s'agit d'un formulaire informant le client que la marchandise a été expédiée.

Your Order No . . . was put on board SS (nom du navire) sailing from (endroit) on (date) and arriving at (destination) on (date). Enclosed is Consignment Note No . . . and copies of your invoice.

Please contact us immediately should any problems arise.

6.2.4 Signaler au fournisseur que la marchandise n'est pas arrivée

The goods we ordered on (date) have not yet arrived.

To confirm our telex, we have not yet received Order No . . ., which we understood was shipped on (date).

Our Order No . . . should have been delivered on (date) and is now considerably overdue.

6.2.5 Informer le client des causes d'un retard

Unfortunately there has been a two weeks' delay in delivery. This delay was totally unforeseen and due to a strike by customs officials here.

We were sorry to hear that your order has not yet arrived. We have investigated the cause and found . . .

6.2.6 Annuler une commande

On (date) I ordered (descriptif de la marchandise) to be delivered at the end of the month. I now find that my present stock is sufficient to meet our requirements for the next month and I should like to postpone the order until further notice. I hope that, because of our long-standing connection, you can agree to this.

Referring to our Order No . . . of (date), you will remember that we stressed the importance of meeting the delivery date of (date). As we have not yet received the consignment and we have already written to you twice on this matter, we have no alternative but to cancel this order. We regret this but as the goods were required for shipment tomorrow we now have no means of getting them to our clients.

If you have not yet processed our Order No . . . will you please hold up the consignment until further notice.

Please do not send Order No . . . as we have sent you the wrong order.

As we were not entirely satisfied with your last delivery of (marchandise), would you please cancel our repeat Order No . . . .

□ 6.3 Exemples de lettres

Accusé de réception d'une commande:

Our ref TR2314/D   Your ref AP/6887

Mr T M Payne
Chief Buyer
P Carsons and Co Ltd
Carlton House
Carlton Terrace
Birmingham B3 3EL
UK   18 May 19—

Dear Mr Payne

Order No TR2314/D

Thank you for the above order which we are making up.

We have all the items in stock and they should be ready for despatch by next week.

We shall be advising you as soon as we can confirm shipment.

Yours sincerely

Paul Marchmant

Paul Marchmant

Lettre de couverture pour l'envoi d'une commande :

Dear Mr Payne

INTERNATIONAL HANDBOOK

I am pleased to enclose a copy of the above. I apologize for the delay in fulfilling your request, which as I explained in my earlier letter was due to depletion of the initial stocks.

Using the Handbook, you can communicate with any compatible equipment in over 60 countries.

May I apologize again for the delay. If you need any further information, contact me on the above number or alternatively leave a message on our Telecom Gold Mailbox 45. PT1000.

Yours sincerely

7 Transport

☐ 7.1 Conditions de livraison

Pour éviter les différends en matière de prix et de coûts de transport, l'industrie du transport international a mis au point un ensemble de termes techniques, les *Incoterms*. On en obtiendra la liste complète auprès de la Chambre de Commerce Internationale (voir Volet C 5.2 pour l'adresse). Les plus courants sont les suivants:

Ex-works (Départ usine / A l'usine) Le prix ne comprend que la livraison à la porte de l'usine en précisant si le coût de l'emballage est inclus. C'est l'acheteur qui règle les frais de livraison.

Free carrier (FRC) (Franco transporteur au point désigné) Le prix couvre tous les coûts jusqu'à une destination précisée pour chargement dans un conteneur.

Free on board (FOB) (Franco bord au port d'embarquement convenu) Le prix couvre tous les frais jusqu'à la mise à bord, y compris l'emballage.

Freight carriage paid to . . . (FCP) (Fret, port payés jusqu'à . . .) Ceci comprend le prix de la marchandise, de l'emballage et du transport par conteneur, non inclus l'assurance.

Cost, Insurance and Freight (CIF) (Coût, assurance et fret) Ceci comprend tous les frais de mise à bord d'un navire, plus le fret et l'assurance jusqu'à une destination dans le pays de l'acheteur.

Cost and Freight (C & F) (Coût et fret) Similaire au contrat CIF mais c'est l'acheteur qui règle l'assurance.

Freight, Carriage and Insurance paid to . . . (CIP) (Payé, assurance comprise, jusqu'à . . .) Ceci comprend le prix de la marchandise, de l'emballage, de l'assurance et du fret par conteneur jusqu'à une destination spécifiée.

Delivery Duty Paid (DDP) (Rendu droits acquittés) Ceci comprend tous les frais de livraison à l'adresse du destinataire, y compris les droits de douane.

☐ 7.2 Les documents de transport

Les principaux modes de transports utilisés à l'export sont le conteneur, le camionnage par ferry, le divers sur navire, le rail et le transport aérien. L'accroissement du commerce intra-européen fait que la route a peu à peu supplanté le transport maritime comme premier mode de transport. Entre 40 et 50% des exportations britanniques se font par la route et la majorité du fret maritime est conteneurisé. Dans le cas d'une exportation vers un pays de la Communauté Economique Européenne, un régime particulier s'applique à la documentation. C'est le *Community Transit System (CT)* (Régime de Transit Communautaire – TC) qui réduit les formalités à la frontière en utilisant une seule procédure de transit à travers toute la CEE.

Une *commercial invoice* (facture commerciale) est une demande de paiement. Elle doit comporter une description de la marchandise avec le prix, le poids, les conditions de paiement ainsi que les détails de l'emballage. On peut s'y référer pour identifier une expédition et calculer le montant des droits de douane.

Le *Bill of Lading (B/L)* (connaissement maritime) est encore le document de transport le plus courant hors communauté vers l'Afrique, l'Asie, l'Amérique du sud et le Moyen-Orient.

Les *railway consignment notes* (lettres de voiture CIM) sont utilisées pour le transport international par chemin de fer.

Le transport aérien est beaucoup utilisé dans le cas de marchandises de valeur ou urgentes. Dans ce cas, le document de transport est *l'air waybill/air consignment note* (Lettre de Transport Aérien – LTA).

Les exportateurs qui ont recours à des transitaires ou transporteurs ont besoin d'un *export cargo shipping instruction* (manifeste cargo) pour confirmer leur réservation d'espace par téléphone.

□ 7.3 Les demandes de renseignements

7.3.1 Demande de cotation

Please let us know the current freight rate for air
$$\text{sea}$$
$$\text{rail}$$
$$\text{road transport.}$$
We have an order for the despatch of (descriptif de la marchandise) from (endroit) to (destination) and we should be grateful if you would quote us your lowest rate.
Would you please quote for collecting from the address above and delivering to (destination) the following consignment.
We should like to send (décrire la marchandise en indiquant la taille et le poids) by air. Could you please quote charges for shipment and insurance.
We wish to ship a consignment of (décrire la marchandise) weighing (donner le poids) and measuring (donner les dimensions) from (endroit) to (destination). Could you inform us which vessels are leaving before the end of the month and quote your freight rates.

7.3.2 Réponse à une demande de cotation

Freight rates are very high at the moment as few ships are available. The net freight amounts to . . .
We can include your consignment of (descriptif de la marchandise) on our next flight to (destination). The departure will be on (date). Our air freight rate for crated consignments is . . .
We can ship your consignment by S/S (nom du navire) closing for cargo on (date) at the following rate . . .

7.3.3 Description de la méthode d'emballage

All containers have an inner waterproof lining and are clearly marked with the international sign for fragile.

this way up.

Each article is wrapped separately in soft material and boxed individually before being packed in cartons.

The (marchandise) will be packed into bundles, covered with sacking and secured by metal bands.

☐ 7.4 Les instructions de transport

7.4.1 Donner des instructions à un opérateur de conteneur ou une compagnie maritime

Could you please pick up a consignment of (décrire la marchandise) and make all the necessary arrangements for them to be shipped to (adresse de l'acheteur).

To confirm our telephone call this morning, you will arrange for the following goods to be containerized on (date) to be transported to (adresse). Enclosed is the completed shipping form and bill of lading with copies of commercial invoices, certificate of origin and import licence.

Please deliver the goods to our forwarding agent's warehouse.

7.4.2 Donner des instructions à un agent

Please insure the goods all-risk and charge it to our account.

Could you please arrange for the collection of (marchandise) and deliver to (adresse)?

Please advise us as soon as the goods arrive and keep them in your warehouse until further notice.

7.4.3 Demande d'instructions

Please let us have your forwarding instructions for this consignment.

The consignment of (marchandise) has arrived. Please telex further instructions.

We have warehoused the consignment of (marchandise) which arrived on (date). We are holding them at your disposal and would like to receive your instructions for them.

☐ 7.5 Affréter un navire

Pour des expéditions importantes, l'importateur peut affréter un navire pour un voyage spécial, un *voyage charter* (affrètement au voyage) ou pour une période limitée, un *time charter* (affrètement à temps). On affrète généralement par l'intermédiaire d'un courtier. A Londres, il y a un centre spécial à cet effet, le *Baltic Exchange*. L'affrètement est généralement effectué par télex ou cable et confirmé ultérieurement par lettre.

7.5.1 Demande d'affrètement

We should be glad if you could charter a vessel for us to carry a cargo of (marchandise) from (lieu d'enlèvement) to (destination).

Please arrange for a suitable ship for (décrire la marchandise, le poids et les dimensions) to be shipped from (lieu d'enlèvement).

This letter is to confirm our cable to you today in which we asked if you could find a ship which we could charter for an initial period of three months to take shipments of (décrire la marchandise) from (endroit) to (destination).

We should like to charter a vessel for one voyage from (lieu d'enlèvement) to (destination) to take a consignment of (décrire la marchandise, les dimensions et le poids). Please advise us if you can obtain a vessel and let us know the terms.

7.5.2 Réponse à une demande d'affrètement

To confirm our phone call to you today, we have an option on (nom du navire). She has a cargo capacity of (tonnage) tons which is larger than you required but the owners are willing to offer a part charter of her.

The owners of (nom du navire) have quoted (montant) per ton which is a very competitive rate.

Enclosed is a list of several available vessels. If you tell us which of them you would consider suitable, we shall be pleased to inspect them.

We are pleased to inform you that we have been able to secure the (nom du navire) for you. Please telex us to confirm the charter.

With reference to your enquiry of (date), we regret we have not been able to find the size of ship you require for (date). We have, however, been given an option on (nom du navire) for (date). The terms are (montant) per ton. Please telex your confirmation as soon as possible as we have many enquiries for ships of this size.

☐ 7.6 Assurance

Pour s'assurer contre la perte ou les avaries, la société demandera des propositions à diverses compagnies d'assurance ou les obtiendra par l'intermédiaire d'un *broker* (courtier). La société remplira alors une *proposal form* (demande de garantie). En échange d'une *premium* (prime), l'assureur s'engage à dédommager l'assuré d'un montant déterminé dans le cas d'une perte ou d'avaries. On cote en *pence per cent*. Si bien qu'assurer des marchandises au taux de 25p% signifie qu'on doit payer 25 pence pour chaque tranche de 100 livres sterling. Une *cover note* (note de couverture) est un contrat qui couvre la marchandise jusqu'à ce que la *policy* (police) soit établie. Dès qu'elle est prête, le client est *indemnified* (couvert), c'est à dire qu'il sera dédommagé en cas de sinistre.

7.6.1 Demande de cotation

We wish to insure the following consignment against all risks for the sum of . . .

We should be grateful if you would quote for open cover for (montant) against

all risks to insure our regular consignments of (marchandise) from (origine de la marchandise) to (destination de la marchandise).
Ou:
Please quote your rate for an all-risks open policy for (montant) to cover shipments of (marchandise) from (endroit) to (destination).
We require cover as from (date).
A competitive quotation would be appreciated.

7.6.2   Cotation

We are prepared to insure the consignment in question at the rate of . . .
We have received quotations from various companies and are able to obtain the required insurance at   . . .p%.
We can offer you the rate of   . . .p% for a total cover of (montant).
We suggest a valued policy against all risks for which we can quote   . . .p%.

7.6.3   Donner des instructions à un assureur ou un courtier

Please arrange insurance cover on the terms quoted.
We have been instructed to accept your quotation for   . . .p% to cover (décrire la marchandise). Please arrange the necessary cover and send us the policy as soon as possible.
The terms you quote with 5% discount for regular shipments are acceptable. Our first shipment will be on (date) and we look forward to receiving the policy within the next few days.
We require immediate cover for (montant). We should be grateful if you would let us have the policy as soon as it is ready. In the meantime, please confirm that you hold the consignment covered.
We should be grateful if you would arrange insurance for the invoice value plus   . . .%.

7.6.4   Déclarer un sinistre

A consignment of clothes covered under Policy No . . . was stolen in transit. Please send us the appropriate claims form to complete.
Our consignment of (marchandise) arrived damaged by sea water. We estimate the damage caused at (montant) and enclose copies of the report of the survey made at the time.

☐   7.7   Signaler un incident

7.7.1   Signaler un retard ou un manquant à l'arrivée

We have not yet received the consignment of (décrire la marchandise) which were supposed to have been sent on (date). Would you please look into this for us.
Our client's customers (nom de la société) have not received their consignment of (marchandise) B/L 389587, and they would like to know why there has been a delay.

We took delivery on (date) of (marchandise); however there were three crates missing. Would you please investigate the whereabouts of the missing goods.

7.7.2 Signaler une perte ou des dégâts

Yesterday we took delivery of our Order No . . . Although the crates were undamaged, we found on unpacking a number of breakages. A list of these is attached.

We should be grateful if you would arrange for replacements of the following articles to be sent as soon as possible.

We have reported the damage to the carriers and have kept the case and contents for inspection.

We regret to report that our consignment of (marchandise) was delivered yesterday in an unsatisfactory condition. A detailed list of the damaged articles is enclosed. As you will be claiming compensation from the carrier, we shall be happy to supply any further information.

The shipment of clothes (Commande No . . .) arrived yesterday and it was clear that the boxes had been broken open and articles removed. As the sale was on a CIF basis, we suggest you inform your forwarding agents regarding compensation. We estimate the value of the damage at (montant).

☐ 7.8 Exemples de lettres

Télex informant un client du fait que sa commande est prête. On demande le nom du transporteur pour régler les détails de la livraison:

ATTN: PELE

1 YOUR ORDER IS READY TO SEND. PLEASE LET US KNOW WHICH FREIGHT COMPANY YOU WOULD LIKE US TO SEND IT TO.

2 WE HAVE SENT THE REMAINING PIECES BY POST.

BEST REGARDS
ADAM PEARSON

Lettre du fournisseur informant l'acheteur de l'expédition de la commande:

Dear Sirs

Advice of shipment

We are pleased to inform you that the following order has been shipped and we are enclosing the relevant copies of shipping documents for your reference.

Your Order No	PM/1345D
Our Sales Note No	860123
Your L/C No	IMPI/1657/A
Commodity	Surfboards and accessories
Invoice Amount	US$ 2,460
Ocean Vessel	'ANNA MAERSK' 7694
Shipping Date	18 October 19—

We hope that the goods will reach you in good order and give you complete satisfaction.

Yours faithfully

Message par télécopie informant le client d'un changement de date pour l'expédition de la commande:

Dear Sirs

Shipment on 17/7 through 'Bravo' 3481

We are sorry to inform you that the above shipment has to be changed to 'ARILD MAERSK' 3879 on 19 July as the shipping company changed the shipping day.

We hope this does not cause any inconvenience to you.

Yours faithfully

8 Comptes et règlements

☐ 8.1 Méthodes de règlement

8.1.1 Les banques au Royaume-Uni

Il y a deux sortes de banques: les *merchant banks* (banques d'affaires) et les *commercial banks* (banques commerciales).

Les *merchant banks*, qui s'adressent aux grandes sociétés et se spécialisent dans le commerce international, s'occupent du transport, de l'assurance et du change.

Les *commercial banks* peuvent offrir les mêmes services, mais l'activité principale est orientée vers la clientèle privée avec les comptes courants, les comptes épargne et le crédit; elles ont des agences dans tout le pays. Les quatre grandes sont *Lloyds, National Westminster, Barclays* et *Midland*.

8.1.2 Méthodes de règlement sur le marché intérieur

Bank Giro Credit Transfer, aussi appelé *bank transfer, trader's credit* ou *bank giro* (virement bancaire), permet de virer par l'intermédiaire d'une banque sans expédier de chèque par courrier. Le montant est crédité par la banque du tireur à la banque du bénéficiaire.

Banker's draft (traite bancaire certifée) tirée par une banque en faveur d'un créancier en règlement d'une somme, normalement réglable sur le champ. Utilisée pour les règlements important pour lesquels un chèque ordinaire ne suffit pas.

Cash in registered envelope (enveloppe recommandée avec valeur déclarée) que l'on peut se procurer à la poste. (Voir Volet C 1.4.3.)

Cash on delivery (envoi contre remboursement) est un service de la poste. (Voir Volet C 1.4.3.)

Cheques (chèques) émis par une banque ou la poste, *Girobank* (chèques postaux), et utilisés en conjonction avec une carte bancaire. Les chèques peuvent être *open* (payables en liquide) ou *closed* (payables sur un compte bancaire). *Closed* ou *crossed* (barré) signifie qu'un chèque ne peut être payé qu'à une banque. **Les chèques sont valables six mois au Royaume-Uni.** Les *building societies* (crédit immobilier) offrent aussi la possibilité d'un compte courant avec chéquier.

Credit cards (cartes de crédit) émises par une banque, le réseau *Access, American Express, Diners Club*, etc., utilisées pour régler des achats ou des services.

Direct Debit (prélèvement automatique) un système qui autorise le *payee* (créancier) à prélever une somme déterminée à date fixe sur le compte du débiteur.

Post Office Girobank (Voir Volet C 3.)

Postal order (mandat lettre) émis par la poste pour des montants allant jusqu'à £20. Une taxe est perçue pour chaque titre. On peut barrer le titre pour qu'il ne puisse être touché que par une banque. Cette méthode de paiement est coûteuse et habituellement réservée aux petites sommes.

Standing (banker's) order (virement automatique) autorise la banque à régler à une personne ou un organisme une somme déterminée à date fixe.

8.1.3 Méthodes de règlement international

Bank transfer (virement bancaire): c'est un paiement par transfert d'une banque nationale vers une banque à l'étranger. On peut le faire par courrier aérien *(Mail Transfers)*, par télex *(Telegraphic Transfers)*, ou par virement *SWIFT (Society for Worldwide Interbank Financial Telecommunication)*. De format standardisé, un message *SWIFT* donne des instructions ou des informations quant au transfert, mais n'est pas en lui-même un débit ou un crédit. Toutes les banques ne font pas encore partie du réseau *SWIFT*.

Bill of exchange ou *sight draft* (lettre de change) utilisée très couramment à l'export, cette lettre de change déclare que l'acheteur s'engage à payer une certaine somme au vendeur pendant une durée limitée. On peut l'expédier par courrier ou par l'intermédiaire d'une banque. Une lettre de change est acceptée *(clean bill of exchange)* par l'acheteur qui la retourne au vendeur. Celui-ci peut alors la remettre à sa banque qui la fait parvenir à son correspondant dans le pays d'importation. Elle est présentée à l'encaissement à la date d'échéance. Normalement l'acheteur accepte cette lettre en la contresignant avant l'envoi de la marchandise. *Documents against acceptance* ou *documentary collection* signifie que le correspondant de la banque ne remettra les titres de propriété que contre paiement ou acceptation de la lettre de change.

Credit cards (cartes de crédit) (Voir plus haut.)

Documentary credits (crédits documentaires – credoc) émis par la banque de l'acheteur, ils donnent tous les renseignements sur les marchandises, le montant en cause, la structure du crédit (révocable/irrévocable), la durée de l'engagement ainsi que tous les documents annexes (assurance, expédition, etc.). Le montant est transféré sur le compte du vendeur dès que l'envoi est confirmé par la banque qui reçoit les documents nécessaires.

Eurocheques (Eurochèques) émis par une banque où vous avez un compte. Ils peuvent être libellés dans la monnaie du pays du destinataire. Une carte Eurochèque peut servir à retirer de l'argent en monnaie locale dans le pays que vous visitez. On peut obtenir la liste de pays auprès de sa banque. On peut utiliser les Eurochèques au Royaume-Uni. Ils sont changés par les banques et acceptés par les magasins, les hôtels, les garages, etc. de 39 pays européens. Le panonceau rouge et bleu avec le logo EC indique un établissement qui fait partie du réseau Eurochèque.

International banker's draft (traite de banque internationale) dans le cas où l'acheteur a passé un accord avec la banque du vendeur, ou y possède un compte, il peut acheter un chèque à cette banque et l'expédier à son fournisseur.

International Giro (chèque postal international) peut être utilisé même si l'acheteur ou le vendeur ne possède pas de compte chèque postal. Le fournisseur reçoit par la poste un chèque en monnaie locale.

☐ 8.2 Le règlement

8.2.1 Donner des instructions à une banque

Please transfer the equivalent in sterling of (montant) to (nom de la banque) in favour of (nom de la société ou d'une personne), debiting it to our account.

Please would you send the enclosed draft on (nom de la société) and documents to the (nom de la banque) and instruct them to release the documents on acceptance.

We are enclosing documents including the Bills of Lading, Invoice, Insurance Cover and Certificate of Origin to be surrendered to (nom de la société) against payment of (montant).

You will shortly be receiving a bill of exchange for (montant) and the relevant documents from (nom de la société). Would you please accept the draft and forward the documents debiting our account.

Please open irrevocable documentary credit for (montant) in favour of (nom de la société). Enclosed is the completed application form.

Please open an irrevocable credit of (montant) in favour of (nom de la société) available to them until (date) payable against documents in respect of a shipment of (décrire la marchandise).

8.2.2 Informer l'acheteur

As agreed we have forwarded our bill No . . . for (montant) with the documents to your bank, (nom de la banque). The documents will be handed to you on acceptance.

Enclosed please find bills in duplicate for collection with the documents attached.

The draft has been made out for payment 30 days after sight and the documents will be handed to you on acceptance.

We have drawn a sight draft which will be sent to (nom de la banque) and presented to you with the documents for payment.

Thank you for sending us the documents for our Order No . . . We have accepted the sight draft and the bank should be sending you an advice shortly.

We have instructed our bank to arrange for a letter of credit for (montant) to be paid against your pro forma invoice No . . . The amount will be credited to you as soon as (nom de la banque) receives the documents.

We are pleased to tell you that your order No . . . has been shipped on (nom du navire) due to arrive in (destination) on (date). The shipping documents, including the bill of lading, insurance policy, certificate of origin and consular invoice have been passed to (nom de la banque) and will be forwarded to your bank who will advise you.

The bill of exchange No . . . was returned to us from our bank today and marked 'Refer to Drawer'. As the bill was due five days ago we can only assume that it has been dishonoured. We shall present it to the bank again on (date) by which time we hope that the draft will have been met.

A cheque drawn by you for the amount of (montant) has been returned to us by our bankers marked 'words and figures differ'. The cheque is enclosed and we should be glad to receive a corrected one.

8.2.3 Informer le fournisseur

Par l'acheteur:

We have instructed our bank (nom de la banque) to open an irrevocable letter of credit for (montant) in your favour. This should cover transport, shipment and bank charges and is valid until (date).

We have instructed (nom de la banque) to open an irrevocable letter of credit in your favour which will be valid until (date). The bank will accept your draft on them at (nombre) days for the amount of your invoice.

Par la banque:

Enclosed is a copy of the instructions we received yesterday from (nom de la banque) to open an irrevocable letter of credit in your favour for (montant) which is available until (date). As soon as you provide evidence of shipment, you may draw on us at 60 days.

We have received instructions from (nom de la banque) to open an irrevocable letter of credit in your favour which will be valid until (date). You are authorized to draw a (nombre) days' bill on us for the amount of your invoice after shipment is effected. We shall require you to produce the listed documents before we accept your draft, which should include all charges.

8.2.4 Demande de paiement

Enclosed is our invoice amounting to . . .
              a statement of your account.
              our monthly statement.
              the pro forma invoice No . . .
We should be grateful if you would forward your remittance in settlement of the enclosed invoice.
The shipping documents will be delivered against acceptance of our draft.
As arranged, we are attaching our sight draft on you for (montant) to the shipping documents and are forwarding them to your bank.

8.2.5 Effectuer un règlement

Enclosed is our bank draft for . . . as payment on pro forma invoice No . . .
In payment of our account, we enclose a draft on . . .
In settlement of your invoice No . . . we enclose a draft which at today's rate of exchange is equivalent to . . .
We have pleasure in enclosing your bill of exchange for . . .
We have arranged payment through the . . . Bank in settlement of . . .
You may draw on us at sight for the amount of your invoice.
Enclosed is your accepted bill of exchange for . . .

8.2.6   Demander l'ouverture d'un compte client

As we have now been trading for some time, we should be grateful if you would consider allowing us to have open account facilities to allow us to settle our accounts on a monthly basis.

We intend to place substantial orders with you in the near future and we should like to know what credit facilities your company offers.

As we have always settled promptly with you in the past, would you let us know if we could settle future accounts on quarterly terms with payments against statements.

As we have been dealing with one another for some time, we should like to be allowed to open account facilities. Of course we can supply references.

8.2.7   Prendre des renseignements

Si c'est la première fois que vous achetez à une société, il est d'usage de fournir le nom d'autres sociétés qui ont déjà été vos fournisseurs. Ce sont des *trade references* (références commerciales) qui permettront de savoir si vous réglez avec promptitude. Le client peut aussi utiliser le nom de sa banque comme référence.

Voici la façon de demander des renseignements:

1. Demande de renseignements généraux sur la situation du futur client:
   (Nom de la société) wish to open an account with us and have given your name for a reference. We should be grateful if you would supply us with information about the firm's standing.

2. Demande d'avis sur l'aptitude à payer dans les délais:
   While we are confident of their ability to clear their accounts, we would like confirmation that their credit rating warrants quarterly settlements of up to (montant).

3. Assurance que ces renseignements resteront confidentiels:
   It is hardly necessary to add that any information you supply will be treated in the strictest confidence.

4. Un coupon réponse international joint pour la réponse, car il s'agit d'un service:
   Enclosed is an International Reply Coupon, and we should be grateful for an early reply.

8.2.8   Réponse positive à une demande de référence financière

We have contacted (nom de la société) and they confirm they want us to act as referees on their behalf.

The firm is well known to us.
       has been a regular customer of ours for
       has been established here for   (durée).
       has been doing business with us for

They have always paid their accounts promptly on the due dates.

We would not hesitate to grant them the credit facilities you mention.

8.2.9 Réponse défavorable à une demande de référence financière

Quand votre avis est défavorable, faire attention à ne pas mentionner le nom de la société expressément pour ne pas risquer une action en diffamation:

In reply to your letter of (date), we would advise some caution in your dealings with the firm you mention.

The company mentioned in your letter of (date) have not always settled their accounts on time and the amounts involved have never been as high as the sum mentioned in your letter.

Toujours rappeler au demandeur que ces renseignements sont confidentiels et que votre responsabilité ne saurait être engagée:

This information is given in the strictest confidence and without responsibility on our part.

8.2.10 Refus d'accorder un crédit

Thank you for your order of (date). As the balance of your account now stands at (montant), we hope you will be able to reduce this before we can offer you credit on further supplies.

Although you have been doing business with us for some time now, we are not in a position to offer credit facilities to any of our customers because of our small profit margins. I hope you will understand our position and hope we can continue to supply you with (marchandise).

8.2.11 Accusé de réception de paiement

Our bank has told us that the amount of your letter of credit has been credited to our account.

We acknowledge with thanks your draft for Invoice No . . . Thank you for your prompt payment.

8.2.12 Contestation de factures

On checking your Invoice No . . ., we find that our figures do not agree with yours.

You have omitted to credit us with the agreed discount on Invoice No . . .

It seems you have charged for packing which we understood was covered in your original quote.

The charge for delivery seems rather high.

8.2.13 Rectifications

Thank you for drawing our attention to the error in our invoice of (date).

Please find enclosed our amended invoice.

You are correct in assuming a . . .% discount on large orders. As your order did not exceed . . . units, we are afraid that this discount cannot be allowed.

We are afraid there seems to be some misunderstanding as we specified that our quotation did not include the cost of packing. This cost has been itemized separately on the invoice.

8.2.14   Lettres de rappel

Premier rappel:

May we draw your attention to our invoice of (date). As we have not yet received your payment, we should be grateful if you would send your remittance as soon as possible. If you have already sent the required amount, please ignore this reminder.

Our invoice was sent to you on (date). A copy is enclosed. As no advice of payment has been received from our bank, we should be glad if you would arrange for it to be settled.

We are writing concerning your outstanding account of . . . As the account has not yet been cleared, could you please forward your remittance as soon as possible.

Deuxième rappel:

Enclosed is a statement of your account with us. We feel sure that its settlement has been overlooked, but as this is the second reminder, we must insist that payment be made within the next seven days.

We wish to remind you that our Invoice No . . . dated (date) is still unpaid and ask you to give the matter your immediate attention.

We were sorry not to have received a reply to our letter of (date) reminding you that our draft against Invoice No . . . has not been accepted yet. We must request payment of the amount due without further delay.

We wrote to you on (date) asking for payment of Invoice No . . . As we are reluctant to put this matter in the hands of our solicitors, we are offering you a further ten days to settle the account.

Dernier rappel:

We had hoped that your January account would have been cleared by now. We sent reminders and copies of your statement in February and March asking you to clear the balance. Unless we have received your remittance within seven days, we shall hand the matter to our solicitors.

We have written to you twice on (date) and on (date) to remind you of the outstanding amount on our Invoice No . . . which is now three months overdue. As we have not received any reply from you, we shall have to take proceedings unless payment is received within the next seven days.

8.2.15   Demande de facilités de paiement

We are sorry we have not been able to clear our overdue account. Unfortunately the consignment has not yet been sold owing to a new government regulation requiring us to modify our assembly plant. Could you possibly allow us . . . days to clear the account?

We apologize for not replying to your letter of (date) requesting us to settle our overdue account. As we are temporarily in financial difficulties, we should be most grateful if you would allow us a further . . . days.

I am sorry to tell you that I will not be able to pay the full amount on your Invoice No . . . I should be most grateful if you would accept part payment immediately and the remainder to be paid over the next . . . months.

8.2.16 Réponse à une demande de facilités de paiement

We were sorry to hear of your present difficulties. Under the circumstances we are prepared to allow you a further . . . weeks in which to settle the account.

We understand your position but our circumstances do not allow us to wait any longer for payment. We have instructed our solicitors to recover the amount but if you have any suggestions to make please get in touch with us immediately.

☐ 8.3 Exemples de lettres

Message par télécopie pour demander à l'acheteur d'ouvrir une lettre de crédit pour sa commande et l'informant de la date d'expédition de la marchandise:

Dear Sir

Order S/C No 484960

Please open L/C for the above order as soon as possible to avoid any delay in shipment. Please also advise us of the L/C No.

The goods will be shipped by 'Łuna Maersk' on 12 June.

Please confirm by fax your most recent order No S/C 484987 so we can proceed.

Yours faithfully

Télex pour informer le fournisseur de l'ouverture d'une lettre de crédit:

ATTN:PERRY

L/C FOR USD 7,234.60 SENT VIA LLOYDS BANK, LONDON TO LLOYDS BANK, TAIPEI AS PREVIOUSLY. L/C NO IS IMP2/4655/A.

BEST REGARDS
STE. CAVALIER FRERES

Lettre informant un client de la fermeture de son compte crédit:

Dear Mr Palmer

It has been brought to our attention that our Accounts Department are experiencing continual problems with obtaining prompt payment of our invoices; it appears that you are taking more than three months credit from the date of our invoice, when our terms are clearly 30 days net. We, therefore, regret that all future orders from your company will only be delivered on a Cash Against Documents basis.

Yours sincerely

---

9 Réclamations et excuses

☐ 9.1 Faire une réclamation

Une réclamation est un exposé des faits. Il ne sert à rien de lui donner un caractère émotionnel ou insultant. (Voir aussi Volet A 3.5, les conseils sur le ton juste à adopter dans une lettre commerciale.)

Mots très chargés en émotion	On leur préférera
We are disgusted	*surprised*
infuriated	*inconvenienced*
outraged	*dissatisfied*
shocked	
annoyed	
It is disgraceful	*regrettable*
scandalous	
shameful	

9.1.1 Préciser ce dont il s'agit

I am writing with reference to . . .
With reference to . . .
Yesterday we received Order No . . .

9.1.2 Exposer le problème

We were surprised to find that the complete order was not delivered.
We found that parts . . . were missing.
I found the service was not up to the usual standard.
We have not yet received the goods.

9.1.3 Suggérer une solution

Under the terms of the guarantee, we should be most grateful if you would send a replacement.

If you could deduct £ . . . from our next order, we feel that this would settle the matter.

We shall return the consignment as soon as we hear from you.

We must ask you to replace the damaged goods.

Please credit us with the value of the returned goods.

We are prepared to keep the goods at a substantially reduced price.

9.1.4 Fournir une explication

The goods were delayed as they were sent to our previous address.

The account sent to us was for a Mr T James and our account name is T W James.

The consignment was not labelled according to our instructions.

The printer was inadequately packed and the automatic feed appears to be jammed.

☐ 9.2 Réponse à une réclamation

9.2.1 Accuser réception de la plainte

We have received your letter of (date) telling us that . . .

Thank you for your letter of (date) informing us that . . .

telling us that . . .

We were sorry to hear that . . .

I was extremely sorry to learn from your letter of (date) of the problems you have experienced with . . . you recently purchased from us.

9.2.2 Préciser ce qui a été ou va être fait

We have started enquiries
an investigation to discover the cause of the problem.

We have taken the matter up with the forwarding agents and shall inform you of the results.

Having investigated the cause of the problem we have found that the mistake was made because of an accounting error.

Unfortunately our packers were not aware of the special instructions for packing this consignment but we have now taken steps to prevent such a misunderstanding in future.

We have asked the Chief Steward on that flight to make a full report of the incident.

I have made arrangements for our service engineer to contact you as soon as possible, so that he may call to inspect the . . . Once the goods have been inspected and proved to be defective, he will be pleased to supply a replacement.

9.2.3 Suggérer une solution

The error has been adjusted on our computer and the problem will not be repeated.

Enclosed is a credit note to cover the value of the goods.

Any damage occurring in transit is the responsibility of the carrier and we have reported the matter to the carriers in question.

Please retain the crate and the damaged items for inspection by our representative.

9.2.4 Présenter des excuses

We are sorry if this delay has caused any inconvenience. We are confident that such an unfortunate misunderstanding will not happen again.

We have been supplying high-quality china for over 15 years and are confident in our ability to provide an excellent service. We hope that this problem will not deter you from buying from us in the future.

Please accept our apologies for the problems caused by this error. We can assure you that this particular fault is rare and is very unlikely to recur.

□ 9.3 Exemples de lettres

Une réclamation:

Dear Mr Clifford

Order No 2235

We have just received a consignment of 400 Dune wallets although our order was for Oasis.

It appears there must have been some misunderstanding.

We shall return the consignment for replacement. Please credit our account with the shipping costs.

Yours sincerely

Réponse à une réclamation

Dear Mr Sykes

Order No 2235

We were sorry to learn from your letter of 14 March that the wrong goods were sent.

If convenient, we should like you to keep the Dune wallets, as our agent Mr Ross will contact you to arrange for their collection. Should you decide to keep them, we can allow 45 days net for payment instead of our usual 10 days.

The Oasis wallets have been airfreighted today through Danzas.

We apologize for the delay in delivery and the inconvenience caused.

Yours sincerely

10 Divers

☐ 10.1 Invitations

10.1.1 Offrir son aide et son hospitalité à un visiteur

We were delighted to hear that you are planning to visit next month. It is a pity your wife cannot join you – perhaps next time.

As this is your first visit here, we hope you'll have time to do some sightseeing, which we'll be happy to arrange for you.

When the dates are confirmed, please let us know so that I can make hotel arrangements. I can meet you at the airport and take you to the hotel.

We are looking forward very much to seeing you here.

10.1.2 Remercier de l'hospitalité offerte

Thank you for all your help and hospitality during my recent visit.

My stay was invaluable and I am most grateful for all the visits you arranged as well as the information and contacts I was able to gain.

I hope I can return your kindness in the near future.

10.1.3 Présenter une relation d'affaires

The bearer of this letter is (nom) and he/she is (fonction) who is visiting (endroit) to establish contacts in (type d'activité).

You may remember that we wrote to you about his/her visit. We should be grateful if you would introduce him/her to some of your associates.

We should be delighted to reciprocate your co-operation at any time.

10.1.4 Invitation officielle

A écrire à la troisième personne, sans formule d'appel ni formule finale, etc.

The Chairman and Directors of (nom de la société) request the
pleasure of (nom de l'invité)'s company at a dinner to be held at
(endroit) on (date) at (heure).

(Evening dress)   RSVP
                                                                (adresse)

10.1.5 Réponse à une invitation officielle

(Nom(s)) thank the Chairman and Directors for their kind invitation to the
dinner on (date) which they have much pleasure in accepting / which they are
unable to accept owing to a previous engagement.

10.1.6 Invitation informelle

My wife and I are having some friends over for dinner on (date) and we should
be delighted if you could join us for the evening. We do hope you can come
and are looking forward to seeing you.

10.1.7 Invitation informelle incluse dans une lettre

After the meeting my husband and I would like you to join us to go and see/hear
(titre du concert, de l'opéra, de la pièce, etc). I've got tickets for the (heure)
performance which would give us time to have something to eat before it
starts.

10.1.8 Réponse à une invitation informelle

Thank you so much for your kind invitation and I should be delighted to join
you on (date).
I'm looking forward to it.
Thank you very much for your kind invitation. I should have loved to come but
as I have to be back in (endroit) on (jour) I shall have to leave straight after the
meeting. Perhaps we can arrange to spend some time together on my next trip
over.

☐ 10.2 Rendez-vous

10.2.1 Prendre et confirmer un rendez-vous

I am planning to be in (endroit) next month, and was wondering if we could
arrange a meeting to discuss (thème). Perhaps I can phone you when I arrive
to fix a date.
I am writing to confirm our telephone conversation this morning. We shall meet
at your office on (date) at (heure). I am looking forward to seeing you again
and finalizing the details on the contract.

10.2.2   Annuler un rendez-vous

As I explained on the phone this morning, I am sorry that I will not be able to keep the appointment I made for (date). Unfortunately I have to deal with a problem which has arisen in our New York office. I apologize for the inconvenience this must cause you and I shall get in touch as soon as I return to London.

☐ 10.3   Réservations

10.3.1   Faire ou confirmer une réservation

Hôtel:

This is to confirm our phone call this morning in which I booked a single room for two nights from 14–16 May in the name of (nom). Enclosed is a Eurocheque for (montant) as deposit.

Your hotel has been recommended to me by (nom) who regularly stays with you. I should like to book a double room with en suite bathroom from 15–17 September inclusive.

Would you please let us know if you have available 12 single rooms from (date) to (date). We intend to hold our annual refresher course at this time and would also require conference facilities. I should be grateful if you could let us know if you can accommodate us and send details of your terms as soon as possible.

My wife and I intend to spend three days in (endroit) arriving on (date). Please let me know if you could reserve a double room with a private bathroom. Could you also send details of your charges.

Transport:

I want to fly to (endroit) on (date) returning on (date). If no flights are available on that date, please let me know the first available dates.

I should like to reserve a seat on the flight to (endroit) from (aéroport) on (date) and returning on (date).

To confirm our telephone conversation this morning, would you please book a return ticket on the Ostend – Dover car ferry in the name of (nom) for (date). (Nom) will be travelling with his car, a (marque et modèle). He will confirm the date of his return journey in England.

Please book a tourist class cabin for (nom) to (endroit) sailing on (date). If there are no places available, please let me know what alternatives you can offer.

I am planning a business trip to northern Spain in March and I am interested in hiring a self-drive car for approximately two weeks. Would you please forward your rates and the availability of a small hatchback from (date) to (date).

☐ 10.4 Lettres de sympathie et de condoléances

10.4.1 A une relation d'affaires souffrante

We were all so sorry to hear that you have been so ill.

I only heard about it this morning when I phoned your office. I understand you are over the worst and hope to be back at work next month.

All of us in the office are relieved to learn that you are making such good progress and we all send our best wishes for a speedy recovery.

10.4.2 A l'occasion du décès d'une relation d'affaires

We were deeply sorry to hear about (nom)'s tragic death. The news shocked us all particularly after seeing her so recently and in such good health.

I know she will be greatly missed by all your staff and I shall certainly miss her integrity and good humour in my business dealings with her.

Would you be so kind as to pass on our condolences to her husband and family.

10.4.3 Remerciements après l'envoi de condoléances

I should like to thank you for your kind letter of condolence on (nom)'s death.

We have all been comforted by the kind letters we have received. All who knew (nom) had many good things to say about her and this proof of the affection and esteem in which you held her has helped us through this difficult time.

☐ 10.5 Félicitations

10.5.1 A l'occasion d'une promotion

I am writing to send you my warmest congratulations on your recent appointment as (poste). We are delighted that your hard work and initiative have been recognized in this way and we can truly say we know of no one who deserves this post more than you.

We wish you every success.

10.5.2 Pour la naissance d'un enfant

We heard on phoning your office this morning that you are the proud father of a baby boy/girl. We all send you and your wife our congratulations and we hope you will accept this small gift to show how pleased we are for you.

☐ 10.6 Lettre de candidature à un emploi

I should like to be considered for the post of (poste) as advertised in (titre du journal/revue) of (date).

Since I entered the field of (type d'activité), I have always had a high regard for your products and would be delighted to have an opportunity to work for your company.

Enclosed is my curriculum vitae. I can make myself available for interview at any time.

□ 10.7 Exemples de lettres

Lettre confirmant un rendez-vous pris au téléphone:
A noter: *on* pour une date
at pour une heure
at pour l'endroit

Dear Roberta

Following my telephone call yesterday, I am writing to confirm our appointment at 3.00pm on Thursday 30 January at your office.

I look forward to seeing you again then.

Yours sincerely

Daphne White

Télex de remerciements à un fournisseur pour son hospitalité (voir Volet B 2.2, 2.3 et 2.5 pour la rédaction d'un télex).

ATTN: ALL FUNMAKER STAFF

ARRIVED BACK SAFELY THIS MORNING AFTER MY ENFORCED HOLIDAY IN HONGKONG THANK YOU FOR YR KIND HOSPITALY WHICH MADE MY VISIT SPECIALLY MEMORABLE
THANKS AGAIN

BEST REGARDS

SVE CONSTABLE

Note: L'expéditeur emploie le mot *ENFORCED* car son vol avait été retardé. *HOSPITALITY* est contracté en *HOSPITALY*. *STEVE* est contracté en *SVE*, car le destinataire doit le connaître.

Télex pour fixer une rencontre avec un fournisseur:

ATTN PERRY

THKS FOR YR TLX. I LOOK FORWARD TO SEEING U AGAIN AT MUNICH. INSTEAD OF SENDING THE FREIGHT TO US BY TNT SKYPAK, CAN U BRING IT TO MUNICH N I WILL COLLECT. I WILL BE IN GERMANY FROM 29 AUGUST ONWARDS SO PLS ADV YR HOTEL N PHONE NO SO I CAN CONTACT U.

DO U HAVE A BOOTH AT ISPO? IF U HV PLS ADV HALL N BOOTH NO N I WILL MEET YOU THERE.

BR

ADRIAN

Notes: *TNT SKYPAK* – messagerie aérienne
ISPO – foire commerciale

Télex annonçant un séminaire:

THIS TELEX IS TO INVITE YOU TO A SEMINAR ON 14 APRIL TO BE HELD AT THE CONNAUGHT ROOMS LONDON. THE THEME OF THE DAY WILL BE (THEME) AND THE SPEAKERS WILL BE:

(NOMS ET QUALITES)

THE PROGRAMME FOR THE SEMINAR WILL BE AS FOLLOWS:

12.30 FOR 13.00	LUNCH
14.00	PANEL DISCUSSION
16.00	FINAL SUMMARIES
17.30	MEETING CLOSES

ALL DELEGATES ARE INVITED TO SEND QUESTIONS ON THE RELEVANT THEME WHICH WILL BE VETTED BY THE SUB-COMMITTEE BEFORE PRESENTATION BY THE CHAIRMAN TO THE PANEL.

THE COST OF THE MEETING WILL BE FFR 200 PER HEAD.

CONTACT: LE NOM, L'ADRESSE ET LE NUMERO DE TELEPHONE DE L'EXPEDITEUR)

VOLET B:
LA COMMUNICATION D'AFFAIRES

1 Le téléphone

☐ 1.1 Comment dire les chiffres et les nombres

1.1.1 Les numéros de téléphone

On les annonce par paire de chiffres à partir de gauche à droite:
458974 – four five, eight nine, seven four
Le zéro se prononce 'oh-ou' – 4303 four three, oh-ou three
Si deux chiffres identiques sont dans la même paire, on les annonce comme *double*. S'il's ne sont pas lus dans la même paire, les énoncer séparément:
880824 – double eight, oh-ou eight, two four
800192 – eight oh-ou, oh-ou one, nine two
Si un numéro de téléphone comporte trois, cinq ou sept chiffres, il faut marquer une pause après le troisième chiffre, puis lire les autres comme précédemment:
3759792 – three seven five, nine seven, nine two
Tous les numéros de téléphone sont précédés d'un code qui varie en fonction de la zone géographique. On en trouvera la liste complète dans l'annuaire. Si vous appelez un numéro londonien de l'extérieur, il faut composer 01 avant votre numéro.
Important: si vous appelez de Londres même, vous ne devez pas composer le 01. On trouvera le code sur le papier à en-tête de la société de la façon suivante: soit Hastings 34529, soit (0424) 34529. De Hastings même, ne pas composer le code.
Attention: de France, vous ne devez jamais composer le premier 0 d'un code s'il en comporte un. Ainsi un numéro londonien deviendra:
19 – 44 – 1 – . . . etc.
Pour se procurer le code d'une zone, consulter votre annuaire français (pages bleues) qui donnent le code d'une trentaine de villes anglaises. Sinon, appelez les renseignements internationaux 19 – 33 + 44 (GB). Et n'oubliez pas lors d'un prochain voyage au Royaume-Uni de vous procurer la petite brochure des codes.
Aux USA, l'usage est différent. Ainsi on prononcera:
415–224–4531 – Area code four one five, two two four, four five three one.

1.1.2 Autres nombres

Vérifiez que vous savez comment prononcer ces nombres et ces mesures:

¼	a quarter	25%	twenty-five percent	0.25	nought point two five or point two five
⅓	a third	33⅓%	thirty-three and a third percent	0.33	(nought) point three three
½	a half	50%	fifty percent	0.5	(nought) point five
⅔	two-thirds	66%	sixty-six percent (approximately)	0.66	(nought) point six six
¾	three-quarters	75%	seventy-five percent	0.75	(nought) point seven five

Les décimaux: La virgule française est remplacée par un point (prononcer: *point*) et tous les chiffres situés à droite s'énoncent séparément. La virgule sert à marquer les milliers.

français – 14 500, 36

anglais – 14,500·36

Les fractions:

¼ a quarter ou one-quarter

½ a half ou one-half

¾ three-quarters

Toutes les autres fractions se lisent comme des nombres ordinaux:

1/16 a sixteenth ou one sixteenth

2/10 two tenths

Chiffres	Prononciation
100	one/a hundred
101	one/a hundred and one
165	one/a hundred and sixty-five
1,000	one/a thousand
1,005	one/a thousand and five
1,050	one/a thousand and fifty
1,305	one thousand, three hundred and five
10,000	ten thousand
10,001	ten thousand and one
10,050	ten thousand and fifty
10,302	ten thousand, three hundred and two
10,312	ten thousand, three hundred and twelve
100,000	one/a hundred thousand
1,000,000	one/a million
1,000,000,000	one thousand million (UK) a billion (US)
1,000,000,000,000	a billion (UK) a trillion (US)★

★ Peu à peu le terme américain *'billion'* est accepté au Royaume-Uni. Il correspond au 'milliard' européen qui vaut mille millions.

1.1.3 L'heure

Le système à base 12:

On écrit	On dit	Aux USA
A l'heure juste		
9 am	nine o'clock / nine am	
9 pm	nine o'clock / nine pm	
Autres heures		
9.05	five past nine	five after nine
9.10	ten past nine	ten after nine
9.15	quarter past nine / nine fifteen	quarter after nine
9.20	twenty past nine / nine twenty	twenty after nine

9.30	half past nine / nine thirty
9.35	nine thirty five / twenty five to ten
9.40	nine forty / twenty to ten
9.45	nine forty five / quarter to ten
9.50	nine fifty / ten to ten
9.55	nine fifty five / five to ten

Ajouter *minutes* aux autres heures:
9.37 – twenty three minutes to ten / nearly twenty to ten
9.04 – four minutes past nine / nearly five past nine

Le système à base 24:
Pour convertir d'un système à l'autre:

		On écrit	**On dit**
Matin	9 o'clock	= 0900 hours	oh-ou nine hundred (hours)
	10 o'clock	= 1000 hours	ten hundred (hours)
	10.45 am	= 1045 hours	ten forty five
Après-midi	Ajouter 12		
	1 o'clock + 12	= 1300 hours	thirteen hundred (hours)
	9 o'clock + 12	= 2100 hours	twenty one hundred (hours)
	11.15 + 12	= 2215 hours	twenty two fifteen

afternoon comprend la période de 12h00 à 16h30; *evening* s'étend de 17h00 à l'heure du coucher; *night* correspond à l'heure du coucher jusqu'au réveil. Les bureaux sont généralement ouverts de 9h à 17h30. (Voir Volet C 1.4.4.) Ne pas oublier de vérifier le décalage horaire avant de téléphoner. (Voir Volet C 4.3.)

1.1.4 Les dates

On énonce d'abord le jour puis le mois:
23/10/89 – the twenty third of October nineteen eighty nine
Attention aux dates en américain: 9/11/89 Etats-Unis   – 11 septembre 1989
                                   9/11/89 Royaume-Uni – 9 novembre 1989

1.1.5 Les lettres

Pour épeler un nom, il existe un code normalisé utile pour distinguer les lettres qui sont souvent confondues comme *M/N*, *B/D* ou *B/V*, et dans le cas de noms étrangers ou peu courants. Voici le code des téléphonistes britanniques et celui de leurs collègues américains (qui est aussi celui en usage pour les communications radio internationales).

Lettre	Signe phonétique	Anglais	Américain/International
A	ɛɪ	Alfred	Alfa
B	bi:	Benjamin	Bravo
C	si:	Charlie	Charlie
D	di:	David	Delta
E	i:	Edward	Echo

F	ɛf	Frederick	Foxtrot
G	dʒi:	George	Golf
H	ɛitʃ	Harry	Hotel
I	aɪ	Isaac	India
J	dʒɛɪ	Jack	Juliette
K	κɛɪ	King	Kilo
L	ɛl	London	Lima
M	ɛm	Mary	Mike
N	ɛn	Nellie	November
O	əʊ	Oliver	Oscar
P	pi:	Peter	Papa
Q	kju:	Queen	Quebec
R	ɑ:	Robert	Romeo
S	ɛs	Samuel	Sierra
T	ti:	Tommy	Tango
U	ju:	Uncle	Uniform
V	vi:	Victor	Victor
W	dʌblju	William	Whisky
X	ɛks	X-Ray	X-Ray
Y	waɪ	Yellow	Yankee
Z	zɛd (RU)	Zebra	Zulu
	zi: (EE.UU.)		

☐ 1.2 Les contresens en anglais oral

Ils sont généralement dus à une mauvaise accentuation. Quand on apprend un mot nouveau en anglais, il faut en retenir l'orthographe, la prononciation et *la syllabe accentuée*. Un dictionnaire marque cette syllabe en la faisant précéder d'une apostrophe, par exemple *un´helpful*.

Quand on accentue la mauvaise syllabe, llocuteur natif recherche instinctivement le mot dont l'accentuation est similaire et ne peut donc comprendre ce qui lui est dit.

De plus, près de 30% des mots parlés n'ont pas d'accent tonique et ne sont pas accentués. Ainsi dans la phrase qui suit, seules les syllabes en gras seraient articulées clairement:

Would you **like** to **speak** to his **sec**retary?

Ce qui explique cette impression que les anglais 'avalent' leurs mots plus qu'ils ne les prononcent.

Voici des exemples de mots qui ne sont pas accentués:

Les prépositions: at, to, for, from, on, under, by
Les auxiliaires ou modaux: be, been, am, is, were, have, has, had, do, does, will, would, can, could
Les pronoms: me, he, him, she, we, us, you, your, them
Les articles: a, an, the
Les conjonctions: and, but, that

Ces mots ne sont presque jamais accentués, ce qui peut causer les problèmes suivants:

a) si un étranger accentue tous les mots, on ne le comprendra pas
b) les étrangers pensent que les anglais ne s'expriment pas clairement
c) pour maîtriser l'anglais, vous devez apprendre à comprendre les mots inaccentués.

La situation est encore pire au téléphone: seules les syllabes 'accentuées' sont dites clairement:
I'm **sorry**. I **seem** to have a **real**ly **bad line**. I can't **hear** you **ve**ry **well**.
Pour mieux comprendre une conversation téléphonique, ou toute autre forme d'anglais oral, essayez de repérer les syllabes accentuées.

☐ 1.3 Ce qu'il faut dire au téléphone

1.3.1 Pour demander une personne en particulier

Vous entendez:
Salutation:

(Nom de la société) Good
  morning/afternoon.

(Nom de la société) Can I help you?

Vous répondez:
*Demander une personne en
particulier:*

Good morning/afternoon. May I speak
  to (nom) please?
May I speak to someone in the . . .
  Department please?
Extension . . . please.
Good morning/afternoon. I'd like to
  speak to someone who deals
  with . . .

En cas de faux numéro:
I'm sorry. I've got the wrong number.

*L'opérateur vous passe votre
correspondant:*
I'm just putting you through.
One moment please.
Hold the line please.
The line's ringing.
Please wait a moment for your
  connection.

Thank you.

La personne n'est pas disponible:
The line's engaged. Would you like to
  hold?

Yes, thank you.

Can you hold? The line's busy.

Yes. I'll wait.

I can't get hold of . . . at the moment.
   If you'd like to hang on a second,
      I'll try again.

It's all right, I'll call back later.
Can I leave a message? I'm (nom sans titre tel que Mr/Mrs etc) from (nom de la société) in (endroit). Can you tell . . .
Well, I'm calling from Italy. Would you ask (nom) to call me when she's free? She's got my number.

Laisser un message:
I'm sorry, Mr . . .'s not in the office at the moment. Do you want to leave a message or shall I get him to call you back?

It's all right. I'll call back later.
Can you ask Mr . . . to call me before three today? This is (nom) from (nom de la société).

I'm sorry Mr . . . is in a meeting.
                is on holiday.
                isn't in his office.
   Would you like to speak to someone else?

Can you put me through to someone who is dealing with . . . ?
Could I speak to Mr . ...'s secretary?
Is there anyone else who can . . . ?
Could you tell him (nom sans titre) called and that I'll call back later.

1.3.2 Appeler les renseignements – Faire le 192
(Voir aussi Volet C 4.2)

Standardiste:	**Abonné:**
Directory Enquiries. Which town?	Wolverhampton.
What name?	Bartons.
Partons.	No Bartons. B for Benjamin.
Bartons, and the initials?	I don't know. It's a company but the address is 18 Queens Square.
It's three nine double seven oh four.	Three nine double seven oh four.
	Thank you. And could you tell me the code for Wolverhampton?
Oh nine oh three.	Thank you.

1.3.3 Faire un appel

Se présenter:
This is (nom sans Mr/Mrs etc) from (nom de la société).
I'm speaking on behalf of (nom de la société).

Expliquer le motif de l'appel:
I'm calling about our . . .
It's about . . .
I'm calling in connection with . . .
To save time I thought I'd give you a call about . . .
(Nom) of (nom de la société) gave me your name and said you could
   help me with . . .

La ligne est mauvaise:
Sorry?
I'm sorry. I didn't quite get that last bit.
The line's really bad. Could you say that again?
I'm afraid I didn't catch what you said.
I didn't catch your last point. Would you mind just saying that again.

On ne comprend rien:
I'm afraid I don't understand what you mean.
I'm sorry. I don't quite understand.
Could you explain that again? I didn't quite get you.

Pour montrer qu'on a compris:
Yes.
I see.
Right.
OK.

Pour vérifier que la liaison existe encore:
Hello? Are you still there?
Can you still hear me?

Pour s'assurer que le message sera transmis:
I'll make sure Mr . . . gets your message.
I'll pass on your message to Mr . . .

Pour éviter de s'engager:
Can I ring you back on that?
I'd rather talk to Mr . . . about it before we make a final decision.
I'm afraid we need more information.

Pour obtenir un renseignement:
Am I talking to the right person for marketing information?
Can you put me through to someone who deals with marketing?
Could you tell me who deals with marketing?

. . . and who am I speaking to please? (après avoir obtenu le renseignement)
I wonder if you can help me. I need a list of agents who deal with . . .
I'd like a copy of your catalogue, please.
Is it possible to get a range of samples?

1.3.4   Fixer un rendez-vous

A

Do you think we could arrange a
   meeting?

I think we need to meet and discuss
   this further.

How are you fixed next week?
What about Thursday?
How about Thursday?
Would Thursday suit you?
Would Thursday be all right?
Would you be able to make next
   Thursday?

Friday'd be fine. Shall we say ten
   thirty?

Let's say Friday then. What time
   would be best for you?

See you on Friday at two then. At your
   office.
Till Friday then.

B

A good idea. I have to be in London
   soon anyway.

Fine. When though?

Thursday's no good, I'm afraid.
I can't make it then.
No, sorry. Thursday's not possible.
   Friday's clear.

I can't manage the morning. What
   about the afternoon? Say two
   o'clock?

I'm tied up in the morning but I'll be
   free after lunch.

Till Friday then.
Friday at two. Fine.

Annuler un rendez-vous:
I'm afraid I can't make our meeting. Something's cropped up.
I'm sorry but I'm going to have to postpone our meeting. I can't get over to
   London until next month.
Could you tell Mr . . . that Mr . . . is very sorry but he has to change his
   appointment on the (date). He'll be in touch himself as soon as he can.
Mr . . . asked me to contact you to let you know that he can't make it on the
   (date). Unfortunately he has to attend an urgent meeting in the States. He'll
   contact you on the (date) when he gets back.

☐ 1.4 Autres usages de l'anglais oral

1.4.1 A la réception:

Ah Mr Smith. Mr Jones is expecting you.
Good morning/afternoon, Sir/Madam. Can I help you?

May I have your name Sir/Madam?

Who would you like to see?
Do you have an appointment?

I'm sorry. I didn't catch your name.
Your name again Sir/Madam?

Would you like to take a seat. Mr Jones won't be long.
Please take a seat for a moment. Mr Jones is on his way.

Can I get you some tea or coffee? How do you like it?

Note: Would you like a drink? Généralement, une boisson alcoolisée.

1.4.2 Conversation sociale

How was your journey?
                 flight?
Did you have a good crossing?
                      trip?

Where are you staying?
How's your hotel?
Is your hotel all right?
Have you booked into a hotel yet?
Can I book you into a hotel?

Have you t en to . . . before?
How do you like . . . ?
There's a wonderful Chinese restaurant not far from your hotel.
You've come at a good time. The Music Festival is on this week.
I hope you have time to do some sightseeing.
You'll have to make time to visit the Fuller's Arms. They do wonderful food.

Présenter quelqu'un:
Mr Jones. I'd like you to meet Mr Smith.
May I introduce Mr Smith?
Have you met Mr Smith?
Réponse: How do you do.
          Pleased to meet you.

Se présenter:
I don't think we've met before. My name's John Smith.
May I introduce myself? I'm John Smith.

Réponse: How do you do. I'm Mary Jones.
I'm Mary Jones. Pleased to meet you.
Note: Voir Volet C 2.6 ce qui traite de la poignée de main.

Les invitations:
Would you like to join me for lunch?
I was wondering if you'd like to join me for dinner?
Acceptation: That would be very nice.
That's very kind of you.
That sounds lovely.
Thank you. I'd love to.
Refus: I'd love to but I can't.
That'd be nice but I'm afraid I can't this time.
I'm sorry I can't. Perhaps another time?

Les suggestions:
How about lunch?
Let's go for lunch.
What about some lunch?

Les remerciements:
Thank you for all your help.
Thank you for looking after me so well.
Réponse: Not at all.
That's all right.
It was a pleasure.

That was (really) delicious.
lovely.
wonderful.
Réponse: I'm glad you enjoyed it.

Quand on ne comprend pas:
Could you explain that again for me please?
What does . . . mean exactly?
I didn't understand the bit about . . .
I'm not sure what you mean.
I'm afraid I don't follow you.

Pour terminer une conversation:
Anyway I must go.
I'm afraid I must be going.
really must be off.
'll have to go.
Well, I'll have to go.
If you'll excuse me, I have to go.
I'd better be going then.

Note: *anyway* peut s'employer à la fois pour changer de sujet, pour revenir au thème principal de la conversation et pour la terminer.
then est souvent utilisé à la fin d'une phrase quand on répète une information: *two o'clock then*; et en fin de conversation: *See you then*.

2 Le télex

□ 2.1 Les avantages du télex

Dans beaucoup de sociétés, le télex a supplanté la lettre en matière de correspondance écrite. Bien souvent, on le préfère également au téléphone.

Ses avantages par rapport à une lettre

Moins coûteux que d'utiliser une secrétaire à la frappe d'une lettre parfaite.

C'est une transmission instantanée 24h sur 24h, car la machine peut recevoir des messages sans qu'un opérateur soit présent.

Toute inexactitude peut être contrôlée immédiatement avec l'expéditeur lui-même.

Ses avantages par rapport au téléphone

Les messages sont transmis sans se soucier des heures de bureau ou du décalage horaire.

La durée de transmission est plus courte et moins chère qu'une conversation téléphonique.

Il n'y a pas de risque de mauvaise interprétation de ce qui est entendu.

Dans certains cas, l'expéditeur peut vouloir éviter le contact de vive voix, dans le cas de mauvaise nouvelle par exemple.

Pas de temps perdu à rechercher un correspondant.

Un télex a une valeur légale.

De plus, le système *answer back* (système de signature automatique) assure que le correspondant a bien reçu le message.

□ 2.2 Les télex et comment les rédiger

On peut les écrire en clair et sans aucune abréviation ni omission de mot. Mais on adopte généralement un style télégraphique.
Le message est raccourci par l'omission des mots peu importants. Ces mots ne sont pas nécessaires à la bonne compréhension. Les dix mots les plus courants de la langue anglaise sont: *the, of, and, to, a/an, in, is, I, it, that*. Appelés mots 'fonctionnels', ils ne contribuent pas beaucoup au sens. En fait, les cinquante mots les plus courants sont fonctionnels: des prépositions, des pronoms, des articles, des conjonctions, des auxiliaires, etc.

Dans l'exemple ci-dessous, ces mots fonctionnels sont soulignés:

<u>OUR</u> ORDER NO P/S879/T ARRIVED <u>ON</u> MONDAY <u>BUT I</u> REGRET <u>TO</u> <u>HAVE TO</u> INFORM <u>YOU THAT</u> THREE <u>OF THE</u> CARTONS <u>WERE</u> DAMAGED

Ce message peut être compris même en omettant les mots fonctionnels:

ORDER NO P/S879/T ARRIVED MONDAY REGRET INFORM THREE CARTONS DAMAGED

Il ne faut omettre aucun mot fonctionnel qui est important pour le sens général:

PRICE INCREASE ON MARCH ELEVENTH TWO PERCENT

Ici, *ON* est essentiel pour le sens général du message.

Il faut écrire les chiffres en toutes lettres plutôt que de recourir aux symboles. C'est particulièrement important pour les chiffres qui s'écrivent différemment en anglais et en français, par exemple, la marque des unités a pour symbole un point en anglais *0·75*, une virgule en français *0,75* (voir Volet B1.1 Comment dire les chiffres et les nombres). On répète souvent les chiffres importants en toutes lettres:

SELL 2000 TWO THOUSAND TX 910 PARTS AT 33 1/3 0/0 THIRTY THREE AND THIRD DISCOUNT

☐ 2.3 Les abréviations utilisées en télex

Il ne faut y recourir que si on les sait connues du destinataire.

1er cas Les abréviations courantes:
Celles qui ne sont jamais écrites en entier:
Exemples: am, pm, NB, ie, eg, etc
Les abréviations comprises de tout locuteur natif:
Exemples: dept, hrs, ref, Jan, Mon, approx, attn

2ème cas Les abréviations commerciales:
Exemples (Voir aussi **Abréviations, page 112.**):

B/L	Bill of Lading (Connaissement)
B/E	Bill of Exchange (Lettre de change)
C/N	Credit note (Avoir)
D/D	Delivery Date (Date de livraison)
D/I	Date of Invoice (Date de facturation)
L/C	Letter of Credit (Lettre de crédit)
O/N	Order Number (Numéro de commande)
W/C	Week Commencing (Semaine du . . .)

3ème cas Abréviations télex reconnues internationalement:

ABS	Absent subscriber, office closed (Abonné absent, installation fermée)
BK	I cut off (Je coupe)
CFM	Please confirm / I confirm (Confirmez SVP / Je confirme)
COLL	Collation please / I collate (Collationnement SVP / Je collationne)
CRV	Do you receive well? / I receive well (Recevez-vous bien / Je reçois bien)
DER	Out of order (Dérangé)
DF	You are in communication with the called subscriber (Vous êtes en relation avec l'abonné demandé)
EEE	Error (Erreur)
FIN	I have finished my message (Fin de message)
GA	You may transmit / May I transmit? (Transmettez SVP / Puis-je transmettre?)
INF	Subscriber temporarily unobtainable. Call the Enquiry Service. (Abonné temporairement inaccessible: appelez le service des renseignements)
MNS	Minutes
MOM	Wait/Waiting (Attendez)
MUT	Mutilated (Mutilé)
NA	Correspondence to this subscriber not admitted (La correspondance pour cet abonné n'est pas admise)
NC	No circuits (Pas de circuits disponibles)
NCH	Subscriber's number has been changed (Numéro d'abonné modifié)
NP	The called party is not or is no longer a subscriber (Le demandé n'est pas ou n'est plus abonné)
NR	Indicate your call number / My call number is . . . (Indiquez votre numéro d'appel / Mon numéro d'appel est . . .)
OCC	Subscriber engaged (L'abonné est occupé)
OK	Agreed / Do you agree? (Accord / Etes-vous d'accord?)
P ou O	Stop your transmission (Arrêtez de transmettre)
PPR	Paper (Papier)
R	Received (Reçu)
RAP	I shall call you back (Je vais vous rappeler)
RPT	Repeat / I repeat (Répétez SVP / Je répète)
SVP	Please (S'il vous plaît)
TAX	What is the charge? / The charge is . . . (Quel est le prix? / Le prix est de . . .)
TEST MSG	Please send a test message (Prière d'envoyer un message d'essai)
THRU	You are in communication with a telex position (Vous êtes en relation avec un poste télex)

TPR	Teleprinter (Téléimprimeur)
W	Words (Mots)
WRU	Who is there? (Qui est là?)
XXXXX	Error (Erreur)

Les corrections s'annoncent par cinq X.
Exemple: CONFIRM ABAXXXXX AVAILABILITY

4ème cas Abréviations particulières à certaines catégories d'utilisateurs:
Il vaut mieux les utiliser pour déchiffrer un télex que pour le rédiger:

ADV	advice (annonce(r), prévenir)
ASAP	as soon as possible (dès que possible)
B	be (être)
BAL	balance (solde)
BEG	beginning (début ou commençant)
CLD/WLD	could/would (pourrait/ferait/serait)
CONF	confirm/confirmed/confirmation
DEL	delivery (livraison)
DESP	despatched/despatch/despatches (envoyé/envoi)
DTD	dated (daté)
ETA	estimated/expected time of arrival (heure d'arrivée prévue)
FOLL	following (suit)
INV	invoice (facture)
MID	middle (milieu)
MNY	many (beaucoup)
N	and (et)
NXT	next (prochain/suivant)
OK	agree (d'accord/accord)
POSS	possible
QTR	quarter (quart/trimestre)
QTY	quantity (quantité)
R	are (sont)
RECD	received (reçu)
REQ	require/required (demandé)
RES	reservations (réserves/réservations)
RGDS	regards (salutations)
THS	this (ce/ceci)
TLX	telex
U	you (vous)
WK	week (semaine)
YDY	yesterday (hier)
YR	your (votre)

On peut donner une version abrégée de tout mot, mais il ne faut pas le faire avec excès car cela peut rendre le message difficile à comprendre. Beaucoup des abréviations en usage pour les télégrammes servent pour les télex:

AWAIT	We are waiting for / You should wait for . . . (Attend(ons)/Attendez . . .)
IMPERATIVE	It is very important that . . . (Important que . . .)
LETTER FOLLOWS	We are writing to confirm this message (Lettre suit)
LOWEST	The least/cheapest possible (Le moins (cher) possible)
REGRET	I/We apologize for / am/are sorry about . . . (Regret(tons) . . .)
REQUEST	We should like . . . (Demandons. . .)
SOONEST	As soon as possible (Dès que possible)

☐ 2.4 Les services télex

2.4.1 British Telecom (BT)

British Telecom International (BTI) Bureau Services offre un service télex aux sociétés qui ne possèdent pas de terminal. Les messages peuvent être dictés par téléphone, envoyés par courrier, télécopie ou porteur à Electra House, Victoria Embankment, London WC2R 3HL. Les sociétés qui ne désirent pas bloquer leur propre télex peuvent y procéder à des envois massifs sur listes d'adresses. Pour tout renseignement, appeler le *BTI Bureau Services,* Tel: Londres (01) 836 5432.

Telex Link permet aux abonnés *Prestel* (Minitel britannique) d'accéder directement au réseau télex sans équipement spécial. (Voir la rubrique *Prestel* Volet C 4.1).

TextDirect permet aux abonnés de recevoir et envoyer des messages télex même s'ils ne sont pas équipés d'un terminal. Les messages sont échangés au moyen d'un ordinateur personnel, d'une machine à traitement de texte ou d'une machine à écrire électronique entre abonnés télex du monde entier.

Telex Manual Services renseigne les abonnés au télex sur les services et les abonnés du Royaume-Uni et du monde entier.

Intelpost, une service du *Royal Mail* (Postes Britanniques), permet d'envoyer des télex soit à des abonnés du service télécopie soit à ceux qui ne possèdent pas de télécopieur, télex ou boîte postale électronique. Appeler *Freefone Intelpost*.

☐ 2.5 Exemples de télex

Confirmation d'une réservation d'hôtel:

CONFIRM RESERVATION SINGLE ROOM NIGHT OF 11 AUG FOR MR PETER NIELD. MR NIELD WILL SETTLE OWN ACCOUNT ON DEPARTURE.

Un agent fixe un rendez-vous entre un client et son fournisseur:

```
ATTN BOX 123 MR MANCINI
HAVE CUSTOMER WHO WISHES TO MEET YOU 22 OCTOBER. WILL
YOU BE IN UK AND WILL YOU BRING CPV/FLOWMETER WITH
YOU? URGENT PLEASE BY RETURN TO TLX 297661 BTIEQ G
QUOTING PHONE 01-123-2345
BEST REGARDS, GERALD
```

Cotation:

```
ATTN: MR JONES
RE: PRICES TO STYLE 123 AND 456 – CANVAS SHOES
STYLE 123
SIZE 3/4   2.10 – GBP
SIZE 5/11 2.20 – GBP
STYLE 456
SIZE 3/4   2.13 – GBP
SIZE 5/11 2.22 – GBP
NO DISCOUNT ON INVOICE. FOB PRICES OPORTO.
PACKING IN PLASTIC BAGS – 20/25 PAIRS PER CARTON.
L/C CONFIRMED AND IRREVOCABLE.
THANK YOU
REGARDS, BERE
```

Note: *GBP – Great Britain Pounds* (livres sterling)

Demande de renseignements sur un produit:

```
OUR REF 1027 87-09-17 13:36

15/9/87
FAO HOMPEL
YR TLX T242DT3/9
1   PROVIDE SAMPLES
2   STATE FOR HOW LONG PRICES QUOTED VALID
3   STATE REEL WIDTH AND DIA ALSO CORE DIA AND MACHINE
    DECKLE
4   IS ORIGIN S AMERICA?

REGARDS, MALCOLM
```

Note: *FAO – For the attention of* (A l'attention de . . .)

Demande de traduction d'un accusé de réception à expédier au client étranger:

> PLEASE TRANSLATE THE FOLL ENGLISH TEXT INTO SPANISH AND
> RETRANSMIT TO SPAIN TLX NR 12345 ABCD E. THANK YOU.
>
> ATTENTION: RAMON
> WE ACKNOWLEDGE RECEIPT OF YR CHEQUE IN PAYMENT OF INV
> NO 64/8
> SALUDOS
> SMITH AND JONES LONDON

Note: Le service de traduction et de ré-expédition est fourni par le *BTI Bureau Services* (voir Volet C 4.1).

Informer sur le déroulement de négociations pour l'obtention d'un prêt:

> ATTN MR SMITH
> SPOKE TO FUNDERS. ARE WILLING TO NEGOTIATE PROVIDING
> BORROWERS WILLING TO COME UP WITH THE NECESSARY
> DOCUMENTATION INCLUDING LETTER OF CREDIT FROM PRIME
> BANK. EXPECTING TLX EARLY FRI. WILL ACKNOWLEDGE STRAIT
> AWAY.
> REGARDS JOHN.

3 Les télégrammes et les télémessages internationaux

☐ 3.1 Les télégrammes internationaux

En composant le 100 et en demandant les *International Telegrams,* on peut expédier des télégrammes vers l'étranger.

Les télégrammes sont encore taxés au mot. Les usagers peuvent en réduire le nombre:

a) en utilisant les abréviations citées dans la section 'télex' (B 2.3)

b) en écrivant les mots composés en un seul mot:

Exemples: TWENTYONE   TENTHIRTY
          UPTODATE   NEXTMONTH
          FIVEPERCENT   PRICELIST

Comme pour les télex, il est préférable d'utiliser les abréviations reconnues internationalement.

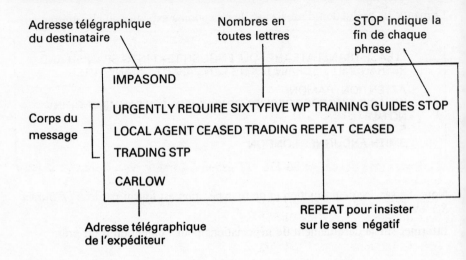

Adresse télégraphique du destinataire

Nombres en toutes lettres

STOP indique la fin de chaque phrase

IMPASOND

Corps du message

URGENTLY REQUIRE SIXTYFIVE WP TRAINING GUIDES STOP

LOCAL AGENT CEASED TRADING REPEAT CEASED

TRADING STP

CARLOW

REPEAT pour insister sur le sens négatif

Adresse télégraphique de l'expéditeur

Note: *British Telecom* autorise l'envoi de télégrammes codés. On peut ainsi réduire le coût de transmission et en restreindre la compréhension au seul destinataire. Les grands hôtels et les journalistes qui envoient un article font partie des utilisateurs de code. Voici quelques exemples de ce code:

Prière de réserver une chambre pour une personne   ALBA
Prière de réserver une chambre à deux lits   ARAB
Arrivée lundi matin   POCUN
Arrivée cet après-midi   POWYS

☐ 3.2 Les télémessages

Les télémessages ont remplacé les télégrammes au Royaume-Uni. C'est un service des *British Telecom* qui peut être envoyé par téléphone ou télex. Pour envoyer un message, appeler le 100 et demander les *Telemessages*. Pour le faire par télex, chercher le numéro correspondant dans l'annuaire télex. Ce service (appelé *Mailgram* aux USA) fonctionne déjà entre le Royaume-Uni et les USA et doit être étendu à d'autres pays.

La taxe de base correspond à 50 mots puis le tarif est fixé par tranche de 50 mots. Le nom et l'adresse ne sont pas décomptés. Le maximum est de 350 mots. Une copie du message peut vous être envoyée moyennant un supplément. Il existe un tarif réduit pour l'envoi du même message à plus d'une adresse. Appeler le 100 et demander *Freefone: Multiple Telemessage*. On peut aussi demander des messages spéciaux de félicitations pour une naissance, un mariage, etc.

Avant de dicter le message, il faut le rédiger. Si le nombre de mots dépasse 50, il faut reformuler le message. Voir Volet B 2.2 pour les façons de réduire le nombre de mots d'un message.

Les télémessages sont distribués par la poste le jour suivant. Pas de distribution le dimanche.

VOLET C:
DOSSIER SUR LES AFFAIRES ET LA CULTURE BRITANNIQUES

1   Généralités

☐ 1.1 Population

Le Royaume-Uni compte 55 776 422 habitants, qui se répartissent de la façon suivante:

Angleterre	46 362 836
Pays de Galles	2 791 851
Ecosse	5 130 735
Irlande du Nord	1 491 000

Ces chiffres sont ceux du dernier recensement de 1981. La population a pratiquement cessé de s'accroître du fait du déclin de la natalité et de l'augmentation de l'espérance de vie. Il y a cinq fois plus de gens de plus de 65 ans qu'en 1900 et dix fois plus de gens de plus de 85 ans. La composition de la population se modifie avec le mouvement des retraités hors des villes vers les stations du littoral et celui des ouvriers qui vont vers les cités dortoirs où les conditions de vie et de logement sont meilleures.

☐ 1.2 Découpage administratif du Royaume-Uni

Le Royaume-Uni = { Angleterre / Ecosse / Pays de Galles } = Grande-Bretagne / Irlande du Nord / Ile de Man / Iles Anglo-Normandes

L'intitulé officiel est *The United Kingdom of Great Britain and Northern Ireland*. L'Angleterre et le Pays de Galles sont divisés en *counties* et l'Ecosse et l'Irlande du Nord en *regions*. Les régions mentionnées dans les statistiques officielles sont:

Scotland

Wales

Northern Ireland

East Anglia: Cambridgeshire, Norfolk, Suffolk

East Midlands: Derbyshire, Leicestershire, Lincolnshire, Northhamptonshire, Nottinghamshire

North: Cleveland, Cumbria, Durham, Northumberland, Tyne and Wear

North West: Greater Manchester, Lancashire, Cheshire, Merseyside

South East: Bedfordshire, Berkshire, Buckinghamshire, East Sussex, Greater London, Hampshire, Hertfordshire, Isle of Wight, Kent, Oxfordshire, Surrey, West Sussex

South West: Avon, Cornwall, Devon, Dorset, Gloucestershire, Somerset, Wiltshire

West Midlands: Hereford and Worcester, Shropshire, Staffordshire, Warwickshire, West Midlands

Yorkshire and Humberside: Humberside, North Yorkshire, South Yorkshire, West Yorkshire

□ 1.3 Les transports

1.3.1 British Rail (BR)

Le service est relativement rapide et efficace entre les principaux centres. Le service *InterCity* sur les longues distances comprend une première classe et une classe économique. Les voitures de première classe sont signalées par une bande jaune au dessus des fenêtres.

InterCity Business Travel Service Ce service existe dans certaines gares et offre une gamme complète qui va des tickets en tout genre, des réservations, des couchettes et d'*Eurorail* aux locations de voitures, aux billets d'avion, aux chambres d'hôtels et aux salles de conférence.

Pullman InterCity est accessible à tous les voyageurs munis d'un billet de première ou *Executive* (billet affaires). Ces derniers comprennent le retour en première classe, la réservation et le parking pour 24 heures, le ticket de métro pour le centre de Londres et un rabais sur les locations de voiture. Les services *Pullman* sont commodes et rapides pour l'homme d'affaires qui voyage entre le Nord et Londres. On peut téléphoner (*Trainphones*) de la plupart des *Pullman* de même que de la plupart des liaisons *InterCity*. On peut appeler ou en Grande-Bretagne ou à l'étranger.

InterCity Europe (EuroCity) Un billet global permet de voyager sur le continent via Harwich et la Hollande; Douvres et Calais; Folkestone et Boulogne; Newhaven et Dieppe. Suivant l'itinéraire choisi, on peut prendre un ferry, un hovercraft ou un hydrofoil. Ce service relie les liaisons intervilles de chaque pays. Pour plus de renseignements, appeler European Rail Passenger Office Tél: Londres (01) 834 2345.

British Rail offre aussi un service d'organisation de congrès en collaboration avec *InterCity Europe* appelé *Conference Connection*.

Les gares de British Rail à Londres desservent une région du pays:

Paddington: West of England, South Wales
Euston: North Wales, West Midlands, North West England, West Scotland
King's Cross: East Midlands, North East England, East Scotland
St Pancras: Central Midlands up to Sheffield
Liverpool Street: East Anglia
Victoria, Charing Cross, Waterloo: South of England

Pour gagner du temps et des frais d'hôtel, *British Rail* offre un service de trains de nuit avec première classe (cabine individuelle) et classe économique (cabine de deux) entre Londres et l'Ecosse, le Nord et l'Ouest de l'Angleterre et le Pays de Galles.

Voir Volet C 5.1 pour les sources de renseignements.

L'ouverture du *tunnel à deux voies uniques sous la Manche* (49 km de long environ) est prévue pour 1993. La durée de la traversée entre les deux terminaux de Cheriton (près de Folkestone) et Frethun (au sud-ouest de Calais) sera de 30 minutes environ. Il y aura un service de navettes pour voitures, caravanes, autocars et camions. Ceci mettra Londres à 3 heures ¼ environ de Paris et à 3 heures de Bruxelles.

1.3.2 Les autocars

National Express est un réseau national qui relie les villes et les villages en Angleterre et au Pays de Galles. En Ecosse, ce service s'appelle *Scottish CityLink Coaches*. Sur de nombreuses liaisons, les autocars sont équipés de toilettes, bar, télévision et vidéo. C'est aussi *National Express* qui gère les **services entre la Grande-Bretagne et l'Europe. Des services réguliers relient Londres à la Belgique, la France, l'Allemagne, la Grèce, la Hollande, l'Irlande, l'Italie, le Portugal, la Scandinavie, l'Espagne et la Suisse.** (Voir aussi les services vers les aéroports, Volet C 1.3.5.)

1.3.3 Les transports à Londres

Ils sont d'assez bonne qualité (sauf la nuit). On trouvera des bureaux de renseignements du *London Regional Transport* dans les gares suivantes: Euston, Heathrow, King's Cross, Piccadilly Circus, St James's Park et Victoria. On peut y obtenir des plans gratuits et des informations sur les transports londoniens.

Pour un étranger, c'est le *Underground* ou *tube* (le métro) qui est le moyen de déplacement le plus simple et le plus rapide. Le prix du billet de métro ou d'autobus est fonction de la distance. Pour éviter la queue au guichet, se munir de pièces de 10p, 20p et 50p pour les distributeurs automatiques de billets. Des aller-retour à tarif réduit sont disponibles dans le cas d'un aller après 10h du matin (sans limitation le samedi et le dimanche). Les *London Explorer Passes* permettent de voyager sans limite à l'intérieur du centre de Londres pour une somme forfaitaire. *London Transport* offre des visites guidées. Chaque ligne du métro est représentée par une couleur sur la carte qui est reprise dans les stations et sur les trains. De plus, la carte du métro indique les connexions avec les grandes lignes de *British Rail*. Pour des renseignements sur les services de trains de *British Rail*, s'adresser dans les gares ou aux *British Rail Travel Centres*.

Les bus sont bien plus lents que le métro, surtout aux heures de pointe. Sur certains bus, on paie au chauffeur à la montée, mais sur d'autres, y compris ceux où la montée se fait par l'arrière, un contrôleur fait payer en route. Ils rendent la monnaie mais apprécient peu les grosses coupures (£5, £10, etc). Si votre arrêt indique *Request Stop*, vous devez faire un signe au chauffeur pour qu'il s'arrête.

Les *Red Arrow Buses* desservent le centre de Londres et les *Green Line Coaches* vont vers des destinations aussi éloignées que Windsor.

Il y a un parc de *taxis* très important. Le taxi noir (parfois en couleur maintenant) est libre quand la mention *For Hire* est allumée en orange au dessus du pare-brise. Le prix de la course s'affiche au compteur. La prise en charge minimum est affichée sur le compteur au départ de la course. On doit s'attendre à payer un supplément pour bagages et la nuit, le week-end et les jours fériés. Pour une course à longue distance, le prix est à négocier au départ.

On ne peut pas héler les *mini cabs* (voitures de petite remise) dans la rue, mais on peut les réserver par téléphone. Ils sont moins chers sur les longues distances. Le prix est à négocier à la réservation. On trouve les numéros dans les pages jaunes de l'annuaire. (Voir Volet C 4.1.)

Le *London Transport Travel Information Centre* a des bureaux de renseignements sur le transport à Londres. On peut s'y procurer gratuitement des cartes du métro et des lignes d'autobus ainsi que des cartes touristiques en français, allemand, italien, espagnol et hollandais. Les bureaux sont situés dans les stations de métro suivantes: St James's Park, Euston, Heathrow, King's Cross, Oxford Circus, Piccadilly Circus et Victoria.

Le *British Rail Travel Centre*, situé 4–12 Lower Regent Street, SW1, s'adresse aux particuliers et peut faire les réservations sur les trains en Grande-Bretagne et sur les services train-plus-bateau pour le Continent et l'Irlande du Nord.

Le *National Tourist Information Centre*, situé dans la Gare de Victoria, donne des renseignements sur les voyages et le tourisme et effectue des réservations d'hôtel et de places de théâtre. On y vend aussi des guides et des cartes.

1.3.4   Le réseau routier britannique

C'est la route qui assure la plus grande partie du trafic passager et marchandises. La voiture particulière est très répandue et constitue le moyen de transport le plus populaire. Il y a trois classes de routes:

Le *M roads* (autoroutes), conçues pour les déplacements à longue distance, qui comportent trois voies et relient les grands centres. La vitesse y est limitée à 70 mph (112 km/h). Les autoroutes représentent moins de 1% du réseau routier, mais accueillent presque 13% du trafic.

Les *A roads* sont les routes principales, mais on y roule bien plus lentement que sur les autoroutes. Elles sont généralement à deux voies et la vitesse y est limitée; elles traversent les villes et les villages.

Les *B roads* sont généralement des routes de campagne bien plus étroites.

Il n'y a pas de péage sur les routes britanniques, sauf pour certains ponts ou tunnels. Pour les connaître contacter le *AA*, l'automobile club britannique. (Voir ci-dessous.)

Le transport routier jouit d'une place prépondérante dans les échanges intérieurs. Il y a eu une augmentation de la taille des véhicules et des charges. Le public s'est ému des problèmes d'environnement créés par les camions. Le transport routier est en grande partie aux mains de petits transporteurs privés. Le plus gros transporteur routier s'appelle le *National Freight Consortium*.

Depuis longtemps, le transport routier des passagers est en déclin du fait de l'augmentation du parc de voitures particulières.

Les deux principales organisations d'automobilistes en Grande-Bretagne sont l'*Automobile Association (AA)* **(Tél: Basingstoke (0256) 20123) et le** *Royal Automobile Club (RAC)* **(Tél: Londres (01) 686 2526). Ils publient des informations sur les itinéraires et la conduite en Grande-Bretagne. Ils assistent les automobilistes et les motards en cas de panne. Ils ont des accords de réciprocité avec les autres clubs automobiles d'Europe et il est conseillé de se renseigner dans son pays avant de partir si on a l'intention d'amener sa voiture. Le** *AA* **et le** *RAC* **ont des bureaux d'information dans les principaux ports.**

Les limitations de vitesse sont exprimées en mille par heure. (Voir Volet C 1.6.)

1.3.5 Le transport aérien

Heathrow: Installations et services:
25 kilomètres de Londres. Tél: Londres (01) 668 4211.

Banques: Hall d'arrivée du Terminal 3, ouverte 24h sur 24. Terminaux 1 et 2, ouverte de 7h à 23h.

Structure d'accueil: on peut louer une salle de conférence par l'intermédiaire du *Queens Building Management*. Le *Heathrow Business Centre*, Terminal 2, peut fournir un bureau et une assistance secrétariat. Tél: Londres (01) 759 2434.

Téléphones: des cabines à pièces sont disponibles dans tous les terminaux, y compris dans le hall départ sous-douane. La plupart prennent les pièces de 10 et 20 pence, et certaines les télécartes *British Telecom Phonecard* (voir aussi Volet C 4.2).

Navettes: un service ininterrompu dessert les quatre terminaux à intervalles réguliers.

Transport vers Londres: *Airbus,* du *London Regional Transport,* a deux services d'autocars express. Le premier vers et au départ de la gare de Victoria; le deuxième vers et au départ de la gare d'Euston. Les deux lignes desservent les quatre terminaux et mettent 50 à 85 minutes environ. Le service *Flightline (Greenline)* part des quatre terminaux vers Victoria, toutes les ½ heures, de 6h15 à 19h15, puis à chaque heure. Le trajet prend environ 45 minutes. Le service *Careline* relie Heathrow à la Gare Routière et *British Rail* de Victoria, ainsi qu'à Waterloo, King's Cross, Euston et Paddington.

Le métro relie Heathrow au réseau londonien. Il y a deux stations sur la

Piccadilly Line, l'une pour les terminaux 1,2 et 3 et une autre, distincte, pour le terminal 4. Les trains partent toutes les trois minutes en période de pointe et mettent 45 minutes à atteindre le centre de Londres.

Les taxis sont disponibles et coûtent bien plus cher. Le trajet prend environ une heure.

Gatwick:
48 kilomètres de Londres. Tél: Gatwick (0293) 28822.
Banques: change et opérations de guichet ouverts 24h sur 24.
Structure d'accueil: on peut louer deux salles de conférence. *L'Hôtel Hilton,* relié directement au Terminal, offre aussi des salles de conférence.
Téléphones: des cabines à pièces et à carte *British Telecom Phonecard* sont situées à différents endroits du terminal.
Les transports: le service *Speedlink* des *Green Line Coaches* met 50 minutes à relier Gatwick et Heathrow avec un départ toutes les 20 minutes.

Le service *Gatwick Express* de *British Rail* part toutes les 15 minutes durant la journée et toutes les heures la nuit. Il met 30 minutes pour atteindre Victoria.

Gatwick possède aussi une ligne directe sur la gare de London Bridge, ce qui permet aux hommes d'affaires d'atteindre la *City* directement. Départ toutes les heures, avec des départs supplémentaires aux heures de pointe. Durée du trajet: 35 minutes. Des trains rapides relient Gatwick via Kensington au réseau *InterCity* (Wolverhampton, Birmingham, Manchester, Liverpool).

En taxi, Londres est à environ une heure.

Le métro ne dessert pas Gatwick.

London City Airport:
Situé à 10 kilomètres du centre de Londres, il dessert principalement les centres d'affaires. On y trouve des parkings courte et longue durée et un service de navette le relie à Victoria. La limite d'enregistrement est 10 minutes avant l'heure du vol. Actuellement il y a quatre vols AR par jour sur Paris, trois sur Bruxelles, du lundi au vendredi. Le service est réduit durant les week-ends. En projet, une ligne sur Rotterdam, Dusseldorf, Jersey, Guernsey et Manchester. On peut réserver auprès des agents de voyage ou *London City Airways Reservations* (Tél: Londres (01) 511 4200). Pour plus de renseignements, s'adresser à: London City Airways Limited, London City Airport, London E16 2QQ.

Aéroports régionaux:
Il y en a plus de 30 au Royaume-Uni. La plupart accueillent à la fois des vols intérieurs et internationaux (principalement en provenance d'Europe). On peut joindre Manchester, Edimbourg, Birmingham et Glasgow par des vols réguliers à partir des principaux aéroports européens. Mais les hommes d'affaires voyagent plus par la route ou le rail, spécialement sur les courtes ou moyennes distances.

1.3.6 Les terminaux ferry/hovercraft

Il y a plus de 20 liaisons par ferry avec le reste de l'Europe. Presque toutes les lignes sont ouvertes toute l'année, certaines ont un service réduit en hiver. La majorité des gares maritimes possèdent une banque, un service de réservation d'hôtel et de location de voitures, ainsi qu'un bureau du *AA* et du *RAC* (Voir Volet C 1.3.4.) Il y a des liaisons rapides sur Londres par rail et route. Voici la liste des principales liaisons et la durée de la traversée. Prévoir une heure de plus pour les formalités d'embarquement et de douane.

Calais–Douvres	35 minutes (hovercraft)
Boulogne–Douvres	35 minutes (hovercraft)
Calais–Douvres	75–90 minutes
Ostende–Douvres	90 minutes (hydrofoil)
Boulogne–Folkestone	1h 45 minutes
Boulogne–Douvres	1h 45 minutes
Dunkerque–Ramsgate	2h 35 minutes
Ostende–Douvres	3h 45 minutes
Zeebrugge–Douvres	4h
Cherbourg–Weymouth	4h
Dieppe–Newhaven	4h 15 minutes
Cherbourg–Poole	4h 30 minutes
Cherbourg–Portsmouth	4h 45 minutes
Zeebrugge–Felixstowe	5h 15 minutes
Caen–Portsmouth	5h 30 minutes
Le Havre–Portsmouth	5h 45 minutes
Roscoff–Plymouth	6h

Autres terminaux: St Malo, Vlissingen, Santander, Rotterdam, Hambourg et les ports scandinaves.

☐ 1.4 Les heures d'ouverture

1.4.1 Les magasins

Les magasins sont généralement ouverts de 9h à 17h30, du lundi au samedi inclus. Dans les petites villes et les villages, les magasins ferment pendant une heure à l'heure du déjeuner et ont souvent une journée par semaine où ils ferment tôt, *early closing day*, vers 13h. Les grands magasins et quelques magasins à Londres, par exemple à Knightsbridge et Oxford Street, ont une nocturne par semaine. Dans le West End de Londres, c'est le jeudi.

1.4.2 Les banques et les bureaux de change

Les banques sont habituellement ouvertes du lundi au vendredi, de 9h30 à 15h30. Quelques-unes sont ouvertes le samedi matin. Quelques banques en Ecosse et en Irlande du Nord ferment pendant une heure pour le déjeuner. Il y a des banques ouvertes 24h sur 24 dans les aéroports de Londres, Heathrow et Gatwick.

Si on désire changer de l'argent en dehors des heures d'ouverture, des bureaux de change sont tenus par les grandes agences de voyage, les hôtels et les grands magasins.

Les titulaires de carte (*Visa,* etc) peuvent utiliser les machines à billets automatiques à l'extérieur des banques qui fonctionnent 24h sur 24. Les chèques de voyage sont normalement acceptés dans les hôtels, les restaurants et les grands magasins.

1.4.3 Les bureaux de postes

Les heures d'ouverture normales sont de 9h à 17h30 du lundi au vendredi et de 9h à 12h30 le samedi, sauf les jours fériés et les *early closing days* (jours de fermeture avancée). Beaucoup de bureaux annexes ainsi que certaines recettes principales ferment une heure pendant le déjeuner.

Les bureaux à Londres dont les heures d'ouverture sont plus longues sont les suivants: Trafalgar Square Branch, 24–28 William IV Street, WC2, du lundi au samedi, de 8h à 20h (le dimanche et les jour fériés, sauf le Jour de Noël, 10h à 17h). London Chief Office, King Edward Street, EC1, du lundi au vendredi, de 8h à 19h (20h30 le mercredi), le samedi, de 9h à 12h30. Fermé les jours fériés. London Heathrow Airport, Terminaux 1,2,3, ouverts de 8h30 à 18h (9h à 18h le vendredi). Terminaux 2 et 3, ouverture supplémentaire de 9h à 13h le dimanche.

1.4.4 Les heures de bureau

Normalement de 9h à 17h30, du lundi au vendredi. Certains bureaux pratiquent le *Flexitime* (horaire variable), avec des plages fixes de 10h à midi et de 14h à 16h.

Les écoles primaires ou secondaires commencent à 9h et finissent à 15h15 ou 15h30.

1.4.5 La vie privée

La plupart des gens se lèvent entre 7 et 8h (les banlieusards partent de chez eux vers 7h pour y revenir vers 19h). Le repas du soir est généralement le repas principal. L'heure de ce repas varie avec la distance du lieu de travail. Dans le Nord, les gens ont tendance à manger plus tôt, généralement vers 18h. S'ils sortent dîner dehors, le repas sera alors plus tardif, vers 20h environ.

Les gens se couchent généralement vers 23h. Ceci varie bien sûr en fonction de la distance du lieu de travail et de l'âge!

L'horaire hebdomadaire de travail est habituellement de 35 à 40 heures par semaine avec une large majorité qui fait une semaine de cinq jours. Beaucoup de gens travaillent plus longtemps à cause des heures supplémentaires volontaires. Les loisirs les plus courants sont pratiqués à la maison. La vie sociale consiste à recevoir des parents ou des amis ou leur rendre visite. Regarder la télévision est un des loisirs les plus populaires pour tous sauf les jeunes gens (la population des plus de cinq ans passe en moyenne 20 heures par semaine devant la TV).

Les autres activités comprennent le *Do-It-Yourself (DIY)* (bricolage à la maison), sortir dîner au restaurant ou pour prendre un verre, le jardinage, la pêche ou les excursions (à la campagne ou à la mer). La moitié des foyers britanniques environ ont un animal domestique. Après la marche (homme ou femme), le billard est le sport le plus populaire chez les hommes suivi par la natation et le football. La natation est le deuxième sport le plus populaire chez les femmes.

Les congés payés ont augmenté pour presque tous les salariés à plein temps: plus de 90% des employés ont droit à quatre semaines. La période des congés s'étale de mai à septembre et de plus en plus de gens partent à l'étranger, principalement en Espagne.

1.4.6 Les jours fériés officiels

Toutes les banques, beaucoup de magasins, de restaurants et de stations service sont fermés les jours fériés. Les transports publics fonctionnent (sauf le Jour de Nöel et le *Boxing Day*), mais il s'agit d'un service réduit.

1 janvier	New Year's Day (Jour de l'An)
2 janvier	jour férié seulement en Ecosse
Good Friday (Vendredi Saint)	} des jours de congés qui
Easter Monday (Lundi de Pâques)	} sont mobiles en fonction du
(sauf en Ecosse)	} Easter Sunday (Dimanche de Pâques)
Le premier lundi de mai	May Day Bank Holiday
Le dernier lundi de mai	Spring Bank Holiday
Le dernier lundi d'août	Summer Bank Holiday
25 décembre	Christmas Day (Jour de Noël)
26 décembre	Boxing Day. Quand il tombe un dimanche, le lundi suivant est férié

☐ 1.5 La Taxe sur la Valeur Ajoutée (Value Added Tax)

La Taxe sur la Valeur Ajoutée (*VAT*), qui est prélevée sur la plupart des marchandises vendues au Royaume-Uni, est comprise dans le prix de vente marqué. Un ressortissant de la Communauté Européenne qui compte quitter le pays dans les trois mois à compter de la date d'un achat peut prétendre à un remboursement de la TVA. Il y a une taxe forfaitaire de 3% sur les marchandises de moins de £500; la TVA est intégralement remboursée pour les montants supérieurs à £500. Il faut chercher le panonceau *Tax Free* dans la vitrine ou demander à l'intérieur du magasin. Ne pas oublier son passeport et demander un *Tax Free Shopping Voucher* lors de l'achat. Présenter le bon et l'achat au douanier en quittant le Royaume-Uni. Le bon sera tamponné et signé. Il faudra ensuite le poster avant de quitter le Royaume-Uni (une enveloppe T est remise lors de l'achat). Si le bon n'est pas tamponné au Royaume-Uni, on peut le faire faire par les douaniers ou la police à l'arrivée à destination, puis l'envoyer à l'adresse suivante: London Tax Free Shopping, Norway House, 21–24 Cockspur Street, London SW1Y 5BN.

☐ 1.6 Poids et mesures

Système métrique en mesures anglaises (Imperial)

(Metric measures and equivalents):

Longueur (Length):

1 millimètre (mm)		= 0.0394 in
1 centimètre (cm)	= 10 mm	= 0.3937 in
1 mètre (m)	= 100 cm	= 1.0936 yd
1 kilomètre (km)	= 1000 m	= 0.6214 mile

Surface (Area):

1 cm^2	= 100 mm^2	= 0.1550 in^2
1 m^2	= 10 000 cm^2	= 1.1960 yd^2
1 hectare (ha)	= 10 000 m^2	= 2.4711 acres
1 km^2	= 100 ha	= 0.3861 mile^2

Capacité (Volume/Capacity):

1 cm^3		= 0.0610 in^3
1 décimètre (dm)^3	= 1000 cm^3	= 0.0353 ft^3
1 m^3	= 1000 dm^3	= 1.3080 yd^3
1 litre (l)	= 1 dm^3	= 1.2200 gal
1 hectolitre (hl)	= 100 l	= 21.997 gal

Poids (Mass (Weight)):

1 milligramme (mg)		= 0.0154 grain
1 gramme (g)	= 1000 mg	= 0.0353 oz
1 kilogramme (kg)	= 1000 g	= 2.2046 lb
1 tonne (t)	= 1000 kg	= 0.9842 ton

Mesures anglaises (Imperial) en système métrique

(Imperial measures and equivalents):

Longueur (Length):

1 inch (in)		= 2.54 cm
1 foot (ft)	= 12 in	= 0.3048 m
1 yard (yd)	= 3 ft	= 0.9144 m
1 mile	= 1760 yd	= 1.6093 km
1 int nautical mile	= 2025.4 yd	= 1.852 km

Surface (Area):

1 in^2		= 6.4516 cm^2
1 yd^2	= 9 ft^2	= 0.8361 m^2
1 acre	= 4840 yd^2	= 4046.9 m^2
1 mile^2	= 640 acres	= 2.29 km^2

Capacité (Volume/Capacity):

1 in^3		= 16.387 cm^3
1 ft^3	= 1728 in^3	= 0.0283 m^3
1 fluid ounce (fl oz)		= 28.413 ml
1 pint (pt)	= 20 fl oz	= 0.5683 l
1 gallon (gal)	= 8 pt	= 4.5461 l

Poids (Mass (Weight)):

1 ounce (oz)	= 437.5 grains	= 28.35 g
1 pound (lb)	= 16 oz	= 0.4536 kg
1 hundredweight (cwt)	= 112 lb	= 50.802 kg
1 ton	= 20 cwt	= 1.016 t

Température (Temperature) °C/°F:

32	40	50	60	70	75	85	95	105	140	176	212	F	Fahrenheit
0	05	10	15	20	25	30	35	40	60	80	100	C	Celsius

Vitesse (Speed):

20	30	40	50	60	70	80	90	100	mph
32	48	64	80	96	112	128	144	160	km/h

Note: la majorité des Britanniques n'a pas intégré le passage au système métrique du fait qu'il n'est pas obligatoire. Quand on leur demande leur poids, ils répondront en stones et livres; leur taille en pieds et pouces; ils indiqueront leur consommation d'essence en milles par gallon, achèteront une maison avec un terrain en acres, un tapis à tant le yard carré et les fruits et les légumes par livres et onces. La plupart des livres de recettes sont en livres, onces et pintes, mais fournissent une table de conversion.

1.6.1 Les tailles

Vêtements dames

Robes, manteaux, pulls, chemisiers:

USA	–	8	10	12	14	16
GB	8	10	12	14	16	18
F	–	38	40	42	44	46

Chaussures:

USA	6	6½	7	7½	8	8½
GB	4½	5	5½	6	6½	7
F	38	38	39	39	40	41

Vêtements hommes

Costumes, manteaux, pulls:

USA/GB	34	36	38	40	42	44	46
F	44	46	48	50	52	54	56

Chemises:

USA/GB	14½	15	15½	15¾	16	16½	17½
F	37	38	39	40	41	42	43

Chaussures:

USA	8	8½	9½	10½	11½	12
GB	7	7½	8½	9½	10½	11
F	41	42	43	44	45	46

☐ 1.7 Les services de santé

En Grande-Bretagne, tous les contribuables, les employeurs et les salariés contribuent au financement du *National Health Service* (*NHS*) qui fournit une gamme étendue de services au public. Beaucoup de services sont gratuits et certains traitements du *NHS* sont gratuits pour tous les voyageurs en Grande-Bretagne. Il faut vérifier auprès de son propre système d'assurances sociales pour trouver quels services sont gratuits.

Pour être soigné, il faut d'abord voir un *general practitioner* (médecin généraliste) en prenant rendez-vous dans un cabinet médical. On peut demander à être soigné par tout médecin en tant que résident temporaire. On peut obtenir une liste des médecins dans les pages jaunes de l'annuaire (sous la rubrique *Doctors* (*Medical*)), à la bibliothèque locale ou en s'adressant à des relations qui vivent en Angleterre. Si on a besoin de médicaments, le médecin délivre une *prescription* (ordonnance) qu'il faut porter chez le pharmacien. La pharmacie est signalée par une croix verte sur fond blanc. *Boots* est une grande chaîne de pharmacies qu'on trouve dans toutes les villes. On doit régler une contribution réduite pour les médicaments. Dans chaque ville, le pharmacien de garde reste ouvert tard et son adresse est indiquée dans le journal local; ou on peut aussi se renseigner dans une bibliothèque pour connaître l'adresse de ceux qui sont ouverts tard. En cas d'affection sans gravité on peut demander l'avis du *pharmacist* (pharmacien) qui recommandera soit un médicament sans ordonnance, soit de voir un médecin.

Si le médecin estime qu'il faut consulter un spécialiste, il prend rendez-vous pour vous à l'hôpital.

En cas d'urgence, on peut aller directement au *Casualty* aussi appelé *Accident and Emergency* (Urgences) de l'hôpital le plus proche. Les soins sont gratuits et accessibles à tous. Si une ambulance est nécessaire, faire le 999 (il n'y a pas besoin de mettre de pièce) et demander le service des ambulances.

Si on a un problème de dent, il faudra prendre rendez-vous chez un *dentist*. La liste des dentistes se trouve à la rubrique *Dental Surgeons* dans les pages jaunes de l'annuaire. Le coût des soins est plus élevé pour la clientèle privée.

2 Le savoir-vivre

☐ 2.1 Les différents niveaux d'anglais

En anglais on peut varier son vocabulaire et sa grammaire selon qu'on veut être:
poli ou familier
formel ou informel
indirect ou direct
Le langage formel: on adopte toujours un langage plus formel quand on écrit à un inconnu ou une personne plus âgée ou d'un rang plus élevé. Comparez:
a) The Chairman stated that it would be expedient to seek alternative premises for the storage of the automobile parts.
b) Pete said we'd have to find another place to keep the car parts.
Le premier exemple est très formel et ne peut être que du style écrit. La tendance actuellement est d'utiliser un langage moins formel qui se situe entre ces deux exemples. (Voir Volet A 3.6)

Formel	Normal	Familier
(écrit)	(écrit ou parlé)	(parlé)
reside	live	live
offspring	children	kids
convenience, lavatory	toilet	loo
ladies	women	birds
gentlemen	men	guys, chaps, blokes

☐ 2.2 La politesse

En général, les anglais sont plus 'polis' envers les inconnus, les personnes plus âgées ou quand ils sont en position d'infériorité (c'est à dire quand ils veulent quelquechose qui sera peut-être difficile à obtenir). On est plus familier envers les proches et les êtres chers, c'est à dire la famille, les amis proches, les amants. Une autre grande règle est que des phrases plus longues rendent une demande plus polie:

What?	Familier
Sorry?	↑
Pardon?	
I beg your pardon?	
Repeat that, can you?	
Repeat that, will you?	
Repeat that, would you?	
Would you repeat that?	
Would you please repeat that?	
Could you possibly repeat that, please?	
I wonder if you would repeat that, please?	
I wonder if you would mind repeating that, please?	↓
I wonder if you would be so good as to repeat that for me, please?	Poli

Une exception à la règle de la politesse envers les inconnus: les avis

NO SMOKING   NO SERVICES ON M25   CHEQUES WILL ONLY
                                            BE ACCEPTED WITH A
                                            BANKER'S CARD

Sorry et *thank you:* Il semble à un étranger que les britanniques utilisent beaucoup le *sorry* et le *thank you.*
Si on bouscule quelqu'un – sorry
Si on oublie de sucrer le café de quelqu'un – sorry
Si quelqu'un vous cède le passage – thank you
Si on vous passe le sel – thank you
Sorry et *thank you* ne sont qu'un signe de reconnaissance. Si on est vraiment désolé, on allongera ses excuses:
Ecrit: Let me apologize for your order not being delivered on the due date and for the problems that this has caused. This was because of the recent strike by customs officials.
Oral: I'm really sorry I'm late. I misread the timetable.

Le franc-parler: en général, les Britanniques évitent le franc-parler sauf en cas d'urgence absolue ou après des essais infructueux d'obtenir ce qu'ils désirent.

Par exemple:
May I use your calculator?   Très direct
Do you happen to have a calculator
  I can borrow?
I haven't got a calculator on me.
I've left my calculator in my suitcase.   Très indirect

Conclusion: Un homme d'affaires britannique peut paraître indécis ou même sournois à un étranger quand il ne fait qu'être poli et indirect.

☐ 2.3 L'hospitalité

Si vous êtes invité à manger chez quelqu'un, spécialement le soir, amenez une bouteille de vin ou des fleurs ou quelquechose qui est typique de votre pays. Si vous êtes invité pour 20h, n'arrivez pas en avance ou plus de 15 minutes en retard. Il n'y a pas de phrase traditionnelle à prononcer avant de manger, donc vous pouvez dire *That looks good* or *It smells delicious/wonderful.* Si vous vous occupez de Britanniques dans votre propre pays, rappelez-vous qu'ils aiment avoir un peu de temps à eux. Paul Theroux, un américain, a écrit des anglais (pas des gallois, des écossais ou des irlandais) qu'ils ont 'un souci extrême de ne pas créer d'ennuis ou de ne s'imposer à personne'.

☐ 2.4 Le pub

En Grande-Bretagne, le pub est une institution et il y en a toujours un à proximité. C'est un endroit de détente et de rencontre. On n'est pas censé y parler affaires de façon sérieuse. Dans la plupart des pubs, on sert de la nourriture dont la qualité varie d'un établissement à l'autre; en général, elle y est moins chère qu'au restaurant. Les pubs possèdent au moins deux bars: le *public bar*, avec des jeux, de la musique et des jeux vidéo et le *lounge bar*, qui est généralement plus calme et plus confortable.

Dans les pubs, on commande au bar les consommations ainsi que la nourriture. On les paie directement et on règle les consommations au bar à chaque fois car personne ne vient prendre la commande. Il faut se rappeler que les gens doivent quitter leur place pour chercher à boire. Aussi quand on cherche une place, il faut demander *Is this seat free?* avant de s'asseoir. Le prix des consommations est le même que l'on soit assis ou non. En général, quand on est en groupe chacun paie une tournée générale: ceci s'appelle *buying drinks in rounds.* On dit *What are you having? What would you like? It's my round. What'll it be?* C'est l'usage de ramener son verre au bar quand on en commande un autre. Les pourboires ne sont pas d'usage dans les pubs. La formule de toast est *Cheers!*

Les boissons alcoolisées les plus populaires sont la bière brune et la bière blonde. Traditionnellement, la bière anglaise n'est pas servie très fraîche et n'est pas aussi gazeuse que les bières américaines ou européennes. La plupart des pubs ont plus d'une sorte de bière. La *pale ale* est moins forte et un peu plus sucrée. La *mild* est très sucrée et moins forte que la *bitter*. La *Guinness* est une bière irlandaise épaisse et noire au goût amer.

Quand on entend *Time!*, il n'est plus possible de commander. Aussi, normalement, le *landlord* (gérant ou tenancier) appellera-t-il *Last orders!* ou agitera-t-il une sonnette pour prévenir une dizaine de minutes avant.

☐ 2.5 Les files d'attente

Il faut se souvenir que pour accéder à tout service public an Royaume-Uni (banque, bus, toilettes, supermarché, cinéma, théâtre, etc) les Britanniques font la queue. *To queue* veut dire attendre l'un derrière l'autre jusqu'à ce que ce soit votre tour. Il ne faut pas resquiller car cela mettra les autres en colère. Dans les pubs et les petits magasins, les gens ne se mettent pas sur une file, mais attendent leur tour en se souvenant de qui était devant eux.

☐ 2.6 Les rencontres et les formules de bienvenue

Normalement les Britanniques ne se serrent pas la main et ne s'embrassent pas quand ils se rencontrent. Ils se serrent la main quand ils sont présentés, surtout dans les affaires. Quand on parle à un inconnu, on ne lui dit pas *Mr* ou *Mrs* (ce titre s'emploie toujours avec un nom de personne: *Mr West*). Si on veut attirer l'attention d'un inconnu, on lui dit *Excuse me.* Au sujet de l'attitude des Anglais envers les inconnus, Paul Theroux déclare que:' . . . les Anglais ne font aucune concession aux autres nationalités. Ils ne sont ni hostiles ni amicaux. En tout cas, parler ou bavarder n'est pas en soi un geste amical en Angleterre comme c'est le cas aux USA. Parler à des inconnus est considéré comme un défi en Angleterre; cela veut dire qu'on pénètre dans le terrain miné des distinctions verbales et sociales. Il vaut mieux rester silencieux . . . Les Anglais sont tolérants en ce sens qu'ils sont prêts à fermer les yeux sur presque tout ce qui pourrait les mettre dans l'embarras. Ils sont humains, mais aussi timides.'

☐ 2.7 Les pourboires

Au restaurant, on donne généralement un pourboire quand il n'y a pas de service compris dans la note. Le pourboire peut représenter 10 à 15% de la note. Les chauffeurs de taxi s'attendent à environ 10%. Normalement, il n'y a pas de pourboire pour les ventes à emporter, les pubs, les garages ou les cinémas et autres endroits de loisir.

☐ 2.8 Le temps

Comme le temps est si changeant, on y fait souvent allusion dans la conversation sociale. (Voir Volet B 1.4.2).

Remarque:			Réponse:
Nice			
Lovely	day,	isn't it?	Yes, isn't it.
Awful	weather,		
Terrible			
Not very nice,			
Not so nice today,	is it?		No, it isn't.

Le temps que vous aurez dépend beaucoup de l'époque de l'année et de la chance. Il n'y a pas autant de différence que dans certains pays entre la température en hiver et en été. Les mois les plus froids sont généralement janvier et février avec en moyenne une température de 4·5°C, et les plus chauds sont juillet et août, avec en moyenne une température de 15·5°C environ. Bien sûr, il peut pleuvoir à n'importe quel moment, même si vous avez commencé la journée sous un beau ciel bleu.

Un des effets du climat britannique est que les gens passent encore plus de temps à l'intérieur que ne le font les gens qui jouissent d'un meilleur climat. Ceci contribue à la réputation britannique de 'réserve'.

3 Les services postaux internationaux

Voici un bref aperçu des principaux services postaux disponibles. On peut se procurer une description détaillée de tous les services fournis en demandant la brochure *The Post Office Guide* dans toutes les recettes principales.

Advice of Delivery (avec accusé de réception) L'expéditeur est informé de ce que l'envoi (lettre/paquet) est bien arrivé à destination. Disponible seulement pour les objets de correspondance en recommandé ou assurés.

Direct Mail (carte ou enveloppe T) Carte ou enveloppe réponse permettant au destinataire de répondre sans payer d'affranchissement.

Express Delivery (Exprès) Ceci fait partie du service *Swiftair*. La distribution se fait par porteur spécial dans la zone du bureau destinataire. Accessible même pour des objets non acceptés par le service *Swiftair*.

Franc de Droits Disponible pour les paquets postes. C'est l'expéditeur qui règle les droits de douane ou autre imposés dans le pays de destination.

Insurance (assurance) Disponible pour les lettres et les paquets. Permet la preuve de l'expédition, une plus grande sécurité dans l'envoi, la preuve de la livraison et une couverture d'assurance jusqu'à un montant maximum autorisé.

International Datapost Service de messagerie dans le monde entier. Adapté aux paquets urgents pour l'étranger.

International Reply Coupon (coupon réponse international) Un moyen de prépaiement de la réponse de l'étranger.

Letters et *letter packets* Sur l'Europe, une seule option, le service *All-up*. Hors d'Europe, on peut choisir surface ou avion. Les documents de douane sont nécessaires pour les paquet-lettres. C'est le moyen le plus simple d'expédier des articles jusqu'à deux kilos.

Printed papers (imprimés) Sur l'Europe, service normal seulement. Hors d'Europe, choix entre surface ou avion. Tarifs réduits pour la publicité, les catalogues, etc.

Registration (recommandé) Fournit la preuve de l'envoi, de la réception (si nécessaire) et un léger dédommagement en cas de perte ou de dégâts.

Swiftair (Chronopost) Plus rapide que le courrier ordinaire, il est disponible sur toutes les destinations à l'étranger pour les lettres et les imprimés. Il comprend un service par exprès dans les pays où celui-ci existe.
Une déclaration de douane est demandée pour tous les objets de correspondance sauf les lettres et les imprimés. Le nom et l'adresse de l'expéditeur doit figurer sur les petits paquets et sur tout envoi à l'étranger.
Le service *Red Star* de *British Rail* assure la livraison en express des paquets et colis dans toute l'Europe et au Royaume-Uni. Les marchandises peuvent être remises à la gare ou livrées à domicile. Adresse dans l'annuaire ou se renseigner au Bureau *Red Star* de la plupart des grandes gares.

4   Les télécommunications

☐ 4.1 Les services offerts par British Telecom (BT)

British Telecom est une SA. Son cahier des charges l'oblige à fournir des services qui garantissent l'existence d'un service universel de télécommunications dans tout le pays et de certains services essentiels tel que les urgences publiques, les cabines téléphoniques publiques et le service de secours maritime. *Mercury Communications Limited* a reçu l'agrément comme deuxième grand réseau de télécommunications.

La liste ci-dessous décrit brièvement les autres services de télécommunication en **Grande-Bretagne**.

Les services de téléconférence:

Business Television Ce système permet de relier par un réseau permanent les différentes implantations d'une société pratiquement dans le monde entier. Le diffuseur reçoit un retour son.

Conference Call Système de réunion-téléphone de *British Telecom*. Si on désire faire une réunion avec des gens situés dans différents endroits du monde, tous les participants peuvent appeler un seul numéro à l'heure convenue. On n'a besoin que d'un simple téléphone privé ou de bureau.

Conference 2000 Un appareil qui permet de réunir deux groupes de 20 personnes maximum en deux endroits éloignés. Il se compose d'un combiné micro et haut parleur, d'un appareil de contrôle et d'un téléphone à prise murale.

Confertel Bridge Il permet la réunion-téléphone entre plusieurs abonnés du monde entier en utilisant le réseau téléphonique normal. C'est l'usager qui le met en oeuvre.

Confravision Il permet à de groupes des gens au Royaume-Uni et à l'etranger de se réunir 'face à face'.

International Videoconferencing Un système de communication visuelle qui offre une liaison son et vidéo entre des endroits éloignés. Des petits groupes dans deux endroits différents, soit dans les salons publics de *BTI* ou dans les locaux privés de leur société, peuvent se voir et s'entendre. On peut montrer des diapos, du texte, des diagrammes et des dessins sur tableau blanc.

Les annuaires et services de renseignement:

Business Information Centre Un service de documentation et de renseignement sur la technologie de l'information et les développements du marché. Il fournit aussi les tout derniers renseignements sur les sociétés, les produits et les services au Royaume-Uni et dans le monde.

Business Pages Un annuaire pour les affaires qui, avec ses sept éditions, regroupe des informations sur plus de 400 000 sociétés. Chaque édition couvre un grand centre commercial ou industriel britannique.

Citiservice Un service *Prestel* qui fournit des informations à jour en provenance des centres financiers mondiaux sur le marché des valeurs, les cours des matières premières, les marchés à terme, le cours du change et les taux d'intérêt, les cours des fonds communs de placement, les nouvelles et les analyses commerciales et financières. Voir aussi à *Prestel*.

Hotline Une banque de données on-line qui donne des informations commerciales. *Hotline* couvre les marchés et les sociétés européens ainsi que les nouvelles tirées de certaines des plus importantes publications commerciales du monde.

Phone Books En même temps que la liste des abonnés et des numéros, *Phone Books* donnent les codes d'appel nationaux et internationaux, les numéros des services publics et des informations sur les services et les équipements locaux, ainsi que des renseignements généraux sur les produits et les services de *British Telecom*. Il y a 128 *Phone Books* qui couvrent le pays entier.

Fax Directory Annuaire télécopie.

Prestel Le service de vidéotexte public de *British Telecom* qui relie les téléviseurs et certains terminaux à des ordinateurs au moyen de lignes téléphoniques. Un grand nombre d'informations ainsi stockées et actualisées sur les ordinateurs centraux, peuvent être disponibles au bureau ou à la maison avec en plus, la possibilité d'un dialogue interactif. Ce dialogue permet à l'utilisateur de répondre à l'ordinateur: par exemple, on peut demander des brochures, réserver des places d'avion ou des chambres d'hôtel.

Yellow Pages A peu près 250 000 annonceurs font appel aux pages jaunes qui couvrent tout le pays en 66 volumes. Le nom et l'adresse des sociétés sont donnés dans des rubriques selon les marchandises ou les services offerts. Tous les abonnés au téléphone de Grande-Bretagne reçoivent les pages jaunes de leur région.

Freefone (numéros verts) Un service manuel qui permet à l'opérateur de passer l'appel d'un client gratuitement à la société qui paiera la communication pour lui. Le demandeur fait le 100 et donne le nom ou le numéro *Freefone*.

International 0800 C'est un numéro gratuit pour appeler les sociétés du Royaume-Uni depuis l'étranger. Les demandeurs peuvent l'appeler en automatique depuis les USA, l'Australie, le Canada, la France, le Danemark, l'Italie, les Pays-Bas, la Suède, la Suisse et la RFA.

Les liaisons télématiques:

International Datel Pour transmettre des données par le réseau téléphonique public. Des terminaux ou des ordinateurs peuvent être connectés directement à des installations compatibles dans plus de 70 pays, pour le prix d'une communication téléphonique.

International Teletex Un système de transmission à grande vitesse entre les terminaux compatibles d'utilisateurs multiples dans le monde entier.

Telecom Gold Il utilise le réseau téléphonique normal et permet à une gamme étendue de terminaux (ordinateurs personnels, traitement de texte, terminaux vidéo) d'échanger des messages en quelques secondes. *Telecom Gold* donne aussi accès au télex et aux banques de données. Fondé sur un système compatible internationalement, il permet de communiquer avec plus de 14 pays.

Autres services commerciaux:
Network Nine Les abonnés de la *City Connection* de *Network Nine* peuvent utiliser de façon occasionnelle un bureau entièrement équipé. Les *Business Centres* offrent à l'homme d'affaires de passage des locaux pour organiser des réunions, faire du travail administratif, envoyer des télex ou des télécopies et l'assistance d'un secrétariat. Les clients peuvent aussi louer un bureau entièrement meublé pour trois mois ou plus.

Translation Services Un service de documentation de base et de traduction rapide est offert en allemand, espagnol, français, hollandais, italien, portugais, et sur rendez-vous, dans toute autre langue. Ce service peut aider pour les appels téléphoniques soit en faisant l'appel directement dans la langue étrangère soit en fournissant une traduction simultanée durant l'appel. Des interprètes sont aussi disponibles pour des réunions ou des congrès. Tél: Londres (01) 836 5432.

Westminster Communications Centre Situé dans la Broadway, London SW1, il fournit un service de télécommunications aux touristes et aux hommes d'affaires. Les clients peuvent y téléphoner, envoyer des télex et des télécopies, faire taper des lettres et des rapports, envoyer des télégrammes et des télé-messages et faire des photocopies. On peut aussi y louer différents produits tels que des récepteurs portatifs du type *Eurosignal* et des modulophones. Ouvert de 9h à 19h, sept jours sur sept. Tél: Londres (01) 222 4444.

Bureaufax Service de télécopie au Royaume-Uni ou à l'étranger. Le bureau principal se trouve au Bureaufax International Centre, Electra House, Victoria Embankment, London WC2R 3HL. Tél: Londres (01) 836 5432. Il y a plus de 25 bureaux régionaux.

Intelpost Un service du *Royal Mail* qui permet d'envoyer une télécopie à un abonné télécopie ou à toute autre personne. Les messages ou documents doivent être expédiés d'un Bureau de Poste affichant le panonceau *Intelpost* ou à partir d'un télécopieur, d'un micro-ordinateur ou d'un télex. Le même service peut envoyer des messages par télex ou micro-ordinateur. Pour tout renseignement, faire le 100 et demander *Freefone Intelpost*.

☐ 4.2 Le téléphone public

Payphones Le poste *Bluephone* est le plus courant maintenant dans les lieux publics. On peut y faire des appels locaux, nationaux ou internationaux. Il accepte toutes les pièces (sauf le 1p) et rend les pièces non utilisées. On peut utiliser le crédit restant pour un autre appel. On met d'abord une pièce puis on compose le numéro désiré sur les touches. Pour un appel à partir des anciennes cabines du type *Pay-on-answer*, il faut d'abord composer le numéro, puis à l'audition d'une série de tonalités rapides, mettre une pièce de 10 pence (ces postes n'acceptent que les pièces de 10p). La tonalité est répétée à intervalles réguliers pour signaler qu'il faut remettre de l'argent. Avec les postes bleus, on introduit l'argent avant de composer le numéro.

Les *Creditcall phones* permettent au demandeur de payer avec sa carte *Access, American Express, Diner's Club* ou *Visa*. Il faut introduire une carte de crédit dans un lecteur de carte sur le côté de l'appareil et composer le numéro. La communication est facturée sur le compte du titulaire de la carte.

Les *Phonecard phones* utilisent une carte à mémoire au lieu de pièces. Ces télécartes (10, 20, 40, 100 et 200 unités) sont en vente dans les bureaux de poste, les tabacs et les kiosques à journaux qui affichent le panonceau *Phonecard*.

Tous *les numéros de Londres* sont en 01 + sept chiffres. De Londres même, il ne faut pas composer le 01. Pour appeler un numéro qui n'est pas local, il faut connaître le numéro de code du central de destination. La liste des codes se trouve au début de l'annuaire, sinon on appelle l'opérateur.

Emergency Services (Les Urgences) Faire le 999 et demander *Police, Ambulance* ou *Fire Service* (la Police, les Ambulances ou les Pompiers).

Directory Enquiries (Les Renseignements) Faire le 192 pour obtenir un numéro inconnu si on connaît le nom de la personne ou de la société et la ville. Les renseignements peuvent aussi donner le numéro des autres services téléphoniques, y compris les renseignements internationaux et les codes internationaux. Pour connaître un numéro à Londres, faire le 142 (*London directory*).

Operator Faire le 100 pour les *transferred charge calls* (appels en PCV) et en cas de difficulté. Un appel avec préavis par l'intermédiaire de l'opérateur coûte plus cher que par l'automatique mais devient rentable pour une distance supérieure à 35 miles (56 kilomètres). L'opérateur peut aussi vous donner un appel en *A, D and C* (*advice duration and charge*) qui vous avertit du prix de la communication. *Les numéros d'appel* pour la météo, l'horloge parlante, les infos-affaires, l'état des routes etc, sont mentionnés dans l'annuaire pour chaque zone. Faire le 193 pour envoyer un télégramme à l'étranger.

Les tonalités:

Le *dial tone* (tonalité d'appel), qui signale que vous pouvez commencer à composer le numéro, est un son continu *brrrrrrrrrrrr*

Le *ringing tone* (sonnerie) signale que le poste de votre correspondant sonne *brr brr   brr brr   brr brr*

Le *engaged tone* (tonalité d'occupation) signale que ce numéro est occupé *beur beur beur beur beur*

Le *number unobtainable tone* (tonalité de numéro indisponible) qui signale un incident sur l'autre poste est un son aigu *biiiiiiiiiiiiii*

Le *pay tone* (tonalité de paiement dans une cabine publique) signale qu'il faut remettre de l'argent *biipbiipbiip*

☐ 4.3 Les appels internationaux

Pour connaître un numéro à l'étranger, composer le 100, et demander *International Directory Enquiries*. Pour appeler l'étranger, faire le 010 suivi du code du pays. Par exemple:

Vers	France	RFA	Italie	Espagne	USA
En GB composer le	01033	01049	01039	01034	0101

Vérifier le décalage horaire avant de téléphoner. De la fin mars environ au début octobre, le Royaume-Uni a une heure d'avance sur l'heure TU (Temps Universel), c'est à dire l'heure d'été européene. Presque tous les pays européens sont à l'heure TU + 1. La Grèce est à TU + 2.

☐ 4.4 Conseils pour utiliser le téléphone

Ne pas appeler une personne chez elle pour un motif de travail – si c'est nécessaire, s'excuser. *'I'm sorry to call you at home but . . .'*

N'utilisez pas le téléphone chez les autres à moins d'être forcé, dans ce cas, offrez de payer votre appel.

Les appels entre 9h et 13h coûtent près de 33% plus cher.

En décrochant annoncez votre prénom puis votre nom – à moins que vous soyez à la réception auquel cas vous ne donnez pas votre nom mais celui de la société.

Vérifier si votre hôtel facture un supplément sur les communications – dans ce cas il vous coûtera moins cher d'appeler du hall.

N'utilisez pas le prénom de quelqu'un que vous ne connaissez pas.

Utilisez les renseignements pour obtenir un numéro. Bien que les annuaires soient gratuits, vous ne pouvez les utiliser si vous ignorez l'orthographe du nom anglais – et il y a des variations orthographiques pour bien des noms anglais. Vous avez besoin de connaître le nom, les initiales et l'adresse.

Utilisez le téléphone pour le recouvrement de dette – un appel est plus efficace qu'une série de lettres standard.

5   Les sources d'informations d'ordre commercial

La plupart des bibliothèques de comté fournissent des informations aux milieux d'affaires et au public. On peut utiliser ce service personnellement, par téléphone ou par courrier. Les numéros de téléphone et les adresses de ces bibliothèques sont donnés à la rubrique *Libraries* des *Yellow Pages*. Les heures d'ouverture varient mais sont généralement de 9h30 à 17h.

☐ 5.1 Annuaires, revues et livres

Source	Renseignements fournis
Ceefax (BBC) et *Oracle (ITV)* émettent des pages de données écrites par la télévision (voir aussi *Prestel* Volet C 4.1).	Nouvelles de la bourse de Londres et du monde. Les cours. Le cours des devises. Cours des matières premières. Cartes météo. Trains et avions. Les titres de l'actualité. Les loisirs et les sports. Les restaurants. Guide des industries et des services. Informations du gouvernement.
Economie et affaires courantes: *Business Monitors (HMSO)*	Les derniers chiffres sur les industries manufacturières, énergétiques, minières et de services ainsi que sur la distribution, établis par le *Business Statistics Office (BSO)*.
Municipal Year Book and Public Services Directory	Le gouvernement local.
Times Guide to the House of Commons	Liste des membres du parlement.
Keesing's Record of World Events	Archives d'actualité.
Monthly Digest of Statistics	Statistiques pour les services ministériels.
Hansard	La gazette du parlement.
Whitaker's Almanack	Nouvelles du monde, les ambassades britanniques et étrangères, la noblesse, les membres du gouvernement, les membres du parlement, la Banque d'Angleterre, les tribunaux, la CEE, l'ONU, le commerce et les arts. Publication annuelle.
Britain: An Official Handbook	Une publication de l'*HMSO* (service des publications officielles), revue chaque année, qui donne des informations **générales sur la Grande-Bretagne, le** gouvernement et les autres organismes.
Who's Who	La biographie des personnages éminents.
International Year Book, Statesman's Who's Who	Biographie des personnages importants sur le plan international.

Annuaires du commerce:

Directory of British Associations and Associations in Ireland	Groupements professionnels, chambres d'industrie et de commerce, syndicats.
Benn's Press Directory, Willings Press Guide	Journaux et revues professionnelles.
Kempe's Engineers' Year Book	Les industries d'équipement.
Banker's Almanac and Year Book	La banque.
Directline	Annuaires d'informations commerciales, cartes et listes de fournisseurs.
Financial Times International Year Books	Quatre annuaires qui couvrent les sociétés internationales: le pétrole, le gaz, les mines, l'assurance et les industries.
UK Kompass	Le registre des industries et des commerces britanniques. Le premier volume donne les produits et les services; le deuxième, les informations sur les sociétés par région. Kompass publie aussi des volumes européens.
Kelly's Directory of Manufacturers and Merchants	Le registre des fabricants, grossistes et sociétés de services. Egalement, liste des importateurs britanniques classés par type de marchandises importées ainsi que les exportateurs internationaux.
Ryland's Directory	Donne des listes de sociétés et produits fabriqués et vendus. Utilisé par l'industrie d'équipement britannique.
Kelly's Street Directories	Volumes spéciaux pour chacune des villes principales donnant l'annuaire par rue, par nom, par profession, par commerce et industrie.
Europages	Annuaire des exportateurs de Belgique, **RFA, France, Italie et Pays-Bas. Classés** par produits et services avec une édition nationale dans la langue du pays où il est publié.

UK Telex Directory	Annuaire des abonnés du télex avec le numéro et le code, le prix des communications et les services disponibles.
Yellow Pages	Les pages jaunes de l'annuaire du téléphone. Classement par professions.
Post Office Guide	Les services postaux, les chèques postaux et les mandats.

Les voyages:

ABC Hotel Guide, AA Members Handbook, Good Food Guide, Michelin Guides, Egon Ronay's Cellnet Guide (hôtels, restaurants et auberges), *Egon Ronay's Pub Guide, Egon Ronay's PG Tips Guide* (pour les petites faims), *Egon Ronay's Minutes from the M25 Guide*	Hôtels et restaurants.
ABC Shipping Guide, Lloyds List and Shipping Gazette	Les services maritimes.
ABC Coach and Bus Guide	Les services d'autocars et d'autobus.
ABC Guide to International Travel	Renseignements sur les passeports, les visas, le climat, les vaccinations, etc. et des rubriques d'information sur chaque pays.
ABC World Airways Guide	Les services aériens.
ABC Rail Guide	Les services, les horaires et les tarifs **ferroviaires au Royaume-Uni.**
Thomas Cook Continental Time Table	Publication mensuelle qui donne les horaires des trains et bateaux de chaque pays européen. Horaires des *TEE* et *InterCity*. Règlements sur les passeports, les visas et les devises.
Thomas Cook Rail Map of Europe	Donne les lignes passagers pour toute l'Europe.

Europe International Passenger Timetable (British Rail)	Horaires et renseignements sur les liaisons *EuroCity*.
Hints to exporters	Brochures publiées par le *British Overseas Trade Board* (Ministère du Commerce Extérieur) sur de nombreux pays qui donnent des conseils sur les voyages, la douane, les règlements d'importation.
InterCity Guide (British Rail)	Renseignements et horaires des liaisons *InterCity*.

☐ 5.2 Adresses des organismes fournissant un service et des renseignements

Association of British Chambers of Commerce Sovereign House 212a Shaftesbury Avenue London WC2H 8EW	Information et documents pour l'export et la CEE. Cours et séminaires, télex et télécopies, enseignement, service juridique, traduction, bibliothèques.
British Institute of Management Management House Cottingham Road Corby Northants NN17 1TT	Centre d'information et bibliothèque sur une gamme étendue de sujets relatifs à la gestion. Le service télématique *Online* est en liaison avec des banques de données dans le monde entier et peut fournir des informations sur les sociétés, la gestion et le marketing.
British Overseas Trade Board 1–19 Victoria Street London SW1H 0ET	Apporte une aide active qui va du financement aux renseignements particuliers. Responsable de la coordination et de la direction des services de promotion export.
Central Office of Information Hercules Road London SE1 7DU	**Documents de références sur la Grande-Bretagne**, la population, la culture, le gouvernement, l'administration, les services sociaux, les affaires économiques, la science et la recherche, les affaires étrangères et la défense.
Companies House 55 City Road London EC1	Vend des microfiches des résultats et des comptes de société.

Data Stream
Monmouth House
57–64 City Road
London EC1Y 2AL

Accès à des banques de données sur ordinateur sur les sociétés. Mise à jour continuelle.

Dun and Bradstreet Ltd
26–32 Clifton Street
London EC2P 2LY

Fournisseur de renseignements commerciaux du monde entier. Spécialisation sur certains domaines du marketing et de la finance à Londres.

Extel Services Ltd
37 Paul Street
London EC2

Données et analyses détaillées sur une sélection de sociétés.

Information Services Division
Cabinet Office
Great George Street
London SW1P 3AQ

Publications statistiques gouvernementales émises par le *Government Statistical Service*, le *Central Statistical Office*, et le *Business Statistics Office*.

Institute of Marketing
Moor Hall
Cookham
Maidenhead
Berks SL6 9QH

Relations avec les services de marketing au **Royaume-Uni, en Europe et dans le** monde.

Institute of Purchasing and
  Supply
Easton House
Easton on the Hill
Stamford
Lincs PE9 3NZ

Centre de documentation du Royaume-Uni sur les achats et les ventes. Conseil, formation et évaluation de qualifications professionnelles.

International Chamber of
  Commerce
Centre Point
103 New Oxford Street
London WC1A 1DU

Information et promotion export, y compris l'organisation de visites et missions dans divers pays.

Jordan and Sons Ltd
Jordan House
Brunswick Place
London N1 6EE

Large gamme de services par terminal ou imprimés. De l'étude détaillée de secteurs industriels jusqu'à la fourniture de listes d'adresses.

London Business School
  Financial Services
London Business School
Sussex Place
London NW1 4SA

Service de conseil financier appelé *Risk Measurement Service*.

Simplification of International
  Trade Procedures Board
  (SITPRO)
Almack House
26–28 King Street
London SW1Y 6QW

Responsable du système de documentation
à l'exportation des marchandises.

☐ 5.3 Les cours de langue en Grande-Bretagne

Il y a une gamme de cours disponibles qui vont de l'anglais général pour ceux qui ont besoin de l'anglais en tant que touristes jusqu'à des cours spécialisés pour ceux qui en ont besoin dans le cadre de leur travail ou leurs études, comme les hommes d'affaires, les professeurs, les médecins, etc.

Le *British Council* donne les renseignements sur les cours en Grande-Bretagne. Il a des représentants dans beaucoup de pays: il est donc judicieux de vérifier d'abord dans votre propre pays dans le cas où vous désirez étudier en Grande-Bretagne. Il contrôle aussi le niveau des écoles et collèges tous les trois ans. Son adresse au Royaume-Uni:

The British Council
10 Spring Gardens
London SW1A 2BN

Quand une école a été approuvée par le *British Council,* elle peut devenir membre de *ARELS-FELCO,* un organisme qui regroupe les écoles de langues privées. Vous pouvez obtenir les adresses et des renseignements sur les bonnes écoles de langue par l'intermédiaire de:

ARELS-FELCO Ltd
125 High Holborn
London WC1V 6QD

Beaucoup d'écoles membres du *CIFE* sont aussi reconnues par le *British Council. CIFE* est un organisme qui regroupe les collèges privés de formation continue. Se renseigner à:

CIFE
PO Box 80
Guildford
Surrey GU1 2NL

L'organisation *BASCELT* regroupe les collèges de formation continue de l'état qui font des cours de langue. Ses membres sont reconnus par le *British Council.* Un guide qui donne le détail des cours est disponible chez:

BASCELT
Hampstead Garden Suburb Institute
Central Square
London NW11 7BN

Le *British Tourist Authority*, qui a des bureaux dans beaucoup de pays, publie aussi une brochure sur comment apprendre l'anglais en Grande-Bretagne. On peut se la procurer auprès de:
British Tourist Authority
Thames Tower
Black's Road
Hammersmith
London W6 9EL

☐ 5.4 Ouvrages de références utiles pour les étrangers venant en Grande Bretagne

English Learner's Diary par Keith et Ruth Carr chez English Immersion Publications.
Un agenda avec des renseignements sur la façon dont les choses se passent en Grande-Bretagne, ce qu'il faut dire dans diverses situations et comment se repérer.

Discover Britain par C Lindop et D Fisher, chez Cambridge University Press.
Une gamme de renseignements pratiques pour le visiteur avec ce qu'il faut dire dans les situations de tous les jours. Parmi les sujets traités: les voyages, l'argent, le logement, la nourriture, les pubs, le temps.

Dictionary of Britain par A Room, chez Oxford University Press.
Des renseignements sur les média, le sport, les loisirs, la nourriture, l'enseignement, le travail, l'art, l'histoire et la géographie. Chaque sujet est traité par ordre alphabétique.

Fitting in par J Hill, chez Language Teaching Publications.
Ce que le visiteur étranger en Grande-Bretagne doit dire et savoir dans des situations comme le shopping, prendre le train, téléphoner, trouver son chemin, etc.

ABREVIATIONS

@	at the rate of	au taux de	
AA	Automobile Association	automobile club britannique	
ABTA	Association of British Travel Agents	association des agents de voyages britanniques	
AC	alternating current	courant alternatif	ca/~
a/c	account (banking)	compte courant (banque)	cpte
AGM	Annual General Meeting	assemblée générale annuelle	AG
am	ante meridiem – morning	du matin/de la matinée	
APR	Annual Percentage Rate	taux annuel	
AWB	Air Waybill	lettre de transport aérien	LTA
BBC	British Broadcasting Corporation	radiodiffusion britannique	
B/D	banker's draft (banking)	chèque de banque	
B/E	Bill of Exchange	lettre de change	
BIM	British Institute of Management	association de dirigeants d'entreprise	
B/L	Bill of Lading	connaissement	connt/ B/L
BOTB	British Overseas Trade Board	Direction des Relations Economiques Extérieures	DREE
BR	British Rail	chemins de fer britanniques	
BST	British Summer Time	heure d'été britannique	TU+1
BThU	British Thermal Unit	unité de chaleur (0,25 kilo-calories)	
C	Centigrade	centigrade	C
©	copyright	copyright	©
C & F	cost and freight	coût et fret	C & F
CAP	Common Agricultural Policy	politique agricole commune	PAC
CBI	Confederation of British Industry	confédération des industries britanniques	
cc	cubic centimetre	centimètres cube	cm³
	carbon copy	copie carbone	copie à
CET	Central European Time	heure d'Europe centrale	
CIF	cost, insurance and freight	coût, assurance et fret	CAF
cl	centilitre	centilitre	cl
cm	centimetre	centimètre	cm

C/N	Credit Note	note de crédit	
Co	company	compagnie/société	Cie/Sté
COD	cash on delivery	paiement à la livraison	
CR	Company's risk		
	credit	crédit	Ct
	creditor	créditeur	Cr
CWO	cash with order	paiement à la commande	
D/A	deposit account (banking)	compte de dépôt/épargne	CE
	documents against acceptance	documents contre acceptation	
DC	direct current	courant continu	
DGN	Dangerous Goods Note	attestation de produits dangereux	
D/N	Debit Note	avis/note de débit	
D/P	Deferred payment	paiement différé	
E & OE	errors and omissions excepted	erreur ou omission exceptée	eooe
		sauf erreur et omission	se & o
ECGD	Export Credits Guarantee Department	assistance crédit export	
EEC	European Economic Community (Common Market)	Communauté Economique Européenne	CEE
EFTA	European Free Trade Association	Association Européenne de Libre Echange	AELE
eg	for example (exempli gratia)	par exemple	ex:
EMA	European Monetary Agreement	Système Monétaire Européen	SME
enc(s)/ encl(s)	enclosure(s)	pièce(s) jointe(s)	PJ
ETA	estimated time of arrival	heure d'arrivée prévue	
etc	and so on (et cetera)	et cetera	etc
F	Fahrenheit	fahrenheit	F
FAS	Free Alongside Ship	franco quai/le long du navire	FAS
Fax	facsimile	télécopie	Fax:
FCL	full container load	conteneur plein	FCL
FOB	Free On Board	franco à bord	FAB
FOQ	Free On Quay	à quai dédouané	EXQ
FOR	Free On Rail	franco wagon	FOR

GATT	General Agreement on Tariffs and Trade	Accord général sur les échanges et les taxes	GATT
GMT	Greenwich Mean Time	heure universelle de Greenwich	TU
GNP	Gross National Product	produit national brut	PNB
GP	general practitioner	médecin généraliste	Dr
GRN	Goods Received Note	Avis de réception	
ha	hectare	hectare	ha
HAWB	House Air Waybill	lettre de transport aérien (utilisation conteneur)	LTA
hg	hectogram	hectogramme	hg
hl	hectolitre	hectolitre	hl
hm	hectomètre	hectomètre	hm
HMSO	Her Majesty's Stationery Office	imprimerie royale	
HS	harmonized system	système harmonisé	SH
IATA	International Air Transport Association	Association Internationale pour le Transport Aérien	IATA
IDD	International Direct Dialling	automatique international	19
ie	that is	c'est à dire	c-à-d
IMF	International Monetary Fund	Fonds Monétaire International	FMI
Inc	Incorporated	(société) constituée	
ISO	International Standards Organization	Organisation des normes internationales	ISO
kg	kilogram	kilogramme	kg
km	kilometre	kilomètre	km
kw	kilowatt	kilowatt	kw
l	litre	litre	l
lb	pound (weight)	livre (454 grammes)	
L/C	Letter of Credit	lettre de crédit	l/cr
LCL	less than container load	conteneur rempli partiellement	
Ltd	Limited	société anonyme	SA
m	metre	mètre	m
MD	Doctor of Medicine	Docteur en médecine	Dr
MEP	Member of European Parliament	député au parlement européen	

MFNT	Most Favoured Nation Tariff	Clause de la nation la plus favorisée	
mg	milligram	milligramme	mg
ml	millilitre	millilitre	ml
MLR	Minimum Lending Rate (now Base Rate)	taux de base	
MP	Member of Parliament	député au parlement	
mph	miles per hour	mile par heure	
n/a	not applicable non-acceptance	pas applicable non accepté	
NB	note well (nota bene)	nota bene	NB
NCV	no commercial value	sans valeur commerciale	SV
NHS	National Health Service	sécurité sociale britannique	
no	number	numéro	N°
O/D	overdraft (banking)	découvert	cpte débit
ono	or near offer	meilleure offre	
O/R	owner's risk	aux risques du propriétaire	
oz	ounce (weight)	once (28⅓ grammes)	
pa	per year (per annum)	par an	
P & P	postage and packing	port et emballage	
PLC	Public Limited Company	société anonyme	SA
pm	post meridiem – afternoon	après-midi	
PM	Prime Minister	premier ministre	
pp	pages on behalf of (per pro)	pages pour	pp po
PTO	please turn over	tournez s'il vous plaît	TSVP
RAC	Royal Automobile Club	automobile club britannique	
Re:	with reference	concernant	Ref:
RSVP	please reply (répondez s'il vous plaît)		RSVP
SAE	stamped addressed envelope	enveloppe timbrée pour la réponse	
S/N	Shipping Note	note de chargement	
SO	standing order	virement permanent	vir permnt
SOR	sale or return	vente sous réserve	
STD	Subscriber Trunk Dialling	automatique (téléphone)	
stg	sterling	sterling	

TIR	Transport International Routier	Transit International Routier	TIR
VAT	Value Added Tax	Taxe sur la Valeur Ajoutée	TVA
VCR	video cassette recorder	magnétoscope à cassette	VCR
VDU	visual display unit	terminal vidéo/écran	
VIP	very important person	personnalité	VIP

Bilingual Handbook of Business Correspondence and Communication

English – French

CONTENTS

Introduction

SECTION A   COMMERCIAL CORRESPONDENCE

Part 1   Organization of a business letter

For obvious reasons there is no sub-section in this half of the Handbook which corresponds to:
2 La lettre commerciale américaine (The American business letter).

Part 2 Expressions used in business correspondence

8 Accounts and payment

SECTION B   BUSINESS COMMUNICATION

SECTION C   BUSINESS AND CULTURAL BRIEFING ON FRANCE

INTRODUCTION

This half of the book is divided into three sections:

SECTION A   COMMERCIAL CORRESPONDENCE

Part 1   Organization of a business letter

This covers the presentation and style of modern business letters with explanations of parts of French business letters, a description of the style used in commercial correspondence and guidelines on how to plan a letter. Examples are given where relevant.

Part 2   Expressions used in business correspondence

This sets out to provide a selection of phrases and sentences which have been taken from authentic letters. They have been chosen as useful in providing a framework of alternative expressions to be used as examples of modern business style and as a source of reference. The expressions are classified under various headings according to subject matter.

SECTION B   BUSINESS COMMUNICATION

This section describes the use of telephone, telex, telegrams and telemessages in France, with examples of each method of communication.

SECTION C   BUSINESS AND CULTURAL BRIEFING ON FRANCE

This is intended as a source of information for the business person visiting France or for the secretary who has to organize a visit. It gives general information about the country as well as detailed descriptions of the transport system, hours of business, postal services and telecommunications. There is also a section on the customary behaviour of the French. Although it is unwise to make generalizations about the etiquette or behaviour of a whole nation, the points made in this book have been taken from remarks made by many visitors to France. It is hoped they will provide useful information to enable the visitor to recognize the accepted conventions.

At the end of this section is a list of sources of information thought to be useful for the traveller in France.

Every effort has been made to ensure the facts given are up to date and correct; however the business world is always changing and some of the information may have changed since publication.

SECTION A:
COMMERCIAL CORRESPONDENCE

Part 1   Organization of a business letter

1   Layout of a French business letter

There is an officially approved layout whose standards have been laid down by the French Standards Agency (Norme Z 110011). This is available from AFNOR, Espace AFNOR, Tour Europe, 7, Square des Corolles, Cedex 7, 92080 PARIS LA DEFENSE.

☐ 1.1   Letterhead

The letterhead at the top of a French business letter must include the sender's name and address, and details of the type of company, the initial capital and the address of the registered head office should appear either here or at the foot of the page. In addition, there should be the sender's telephone, telex and fax numbers, cable address, postbox number, registrar of companies identification number, bank or postal cheque account number and address and bureau of statistics identification number (*SIREN, SIRET* – see below).

SA after the name of the company is short for *société anonyme* and shows that the company has a minimum of seven shareholders whose liability is limited to their stake in the equity. The shares can be bought by the general public and the company may be *introduite* or *cotée en Bourse* (quoted on the Stock Exchange). Such companies are usually large with a *Président-Directeur Général* (Chairman and Managing Director) or *directoire* (Executive Committee) at the head of the *Conseil d'Administration* (Board of Directors).

SARL after the name is short for *société à responsabilité limitée*. This is a smaller firm and will have a maximum of fifty shareholders.

SNC is short for *société en nom collectif* and is a partnership where the liability is unlimited and guaranteed by the partners' possessions.

Other types of company include: *la coopérative, l'entreprise individuelle* (sole trader) and *la société nationalisée* (nationalized company).

R.C. stands for *registre du commerce de* and is followed by the number which was given to the company when it registered.

SIREN stands for *Système Informatique pour Répertoire des Entreprises*, a data bank containing details of all firms.

SIRET stands for *Système Informatique pour Répertoire des Etablissements*, a data bank of all business premises (a firm may have several different premises in various locations). The complete list is published in *INSEE*. (See Section C 5.1.)

APE stands for *Activité Principale de l'Entreprise*, a directory listing companies' main business interests.

Agences à . . ..: This will precede a list of the company's branch addresses.

Le logo is the company's emblem or *Marque déposée* (trademark).

CEDEX stands for *courrier d'entreprise à distribution exceptionnelle*. A *CEDEX* number is given to firms or individuals receiving a large amount of mail, which is then delivered by vans directly to them.

☐ 1.2 Parts of the letter

1.2.1 References

On a printed letterhead, references are usually also printed: *Vos réf:* ou *Nos réf:*. A reference can be the initials of the author and the initials of the secretary: *AE/MLL* and/or a file reference or account number.

1.2.2 Date

This usually appears below the inside address. The place where the letter was sent from will often be pre-printed, eg *Le Havre, le 22 mars 1988*. Note that neither months nor days of the week take a capital letter. Remember that abbreviations follow the same word order, eg *01/03/88* means 1st March 1988.

1.2.3 Inside name and address

Appearing on the *right* hand side of the page, this is the receiver's name and address. Window envelopes sold in France will be designed for this layout, which will, of course, make it difficult for your French partners or business associates to adopt the English layout when writing to you in English from France. Start a new line for each of the following:

Title + one initial/first name + family name (in block letters)	Monsieur Jacques RIBOUD
Position in company	Directeur Commercial
Name of company (in block letters)	C.A.P.B.N.
(Name of building)	
Number + street/road/avenue	9, rue Emile Zola
(Name of place not large enough to have a postal code number)	
Postal code number + name of town/city (in block letters) + CEDEX + number (if any)	76087 LE HAVRE CEDEX

Commas are not needed at the end of each line.

1.2.4 Titles

Titles should always be written out in full:
Monsieur le Directeur
Docteur et Madame Hervé THOMAS
Monsieur et Madame François CHAUVET
Professeur et Madame Pierre GELARD
Son Excellence Monsieur l'Ambassadeur de France Jean d'ORSAY
Colonel Bruno TANGUY
There is no equivalent to Ms and when in doubt, the letter should be addressed to *Madame . . .* Married women should be addressed by their husbands' names: *Madame Pierre BENOIT*.
Abbreviations of university qualifications do not appear after the name. Generally a medical doctor is acknowledged as such: *Docteur Hervé THOMAS*, but someone with a PhD or other degree will be addressed simply as, for example, *Monsieur André DUPOND*.
Until recently, civil servants' names were never used and mail was simply addressed to their function, eg *Monsieur le Secrétaire de Mairie* or *Monsieur le Percepteur*.
Note: People retain their titles even when out of office. Past presidents will continue to be called *Monsieur le Président,* past ministers *Monsieur le Ministre* (for junior ministers use *Secrétaire d'Etat*). Vice presidents are also called *Monsieur le Président.*
It is wiser to address all routine business mail to the firm or a specific department and add *A l'attention de . . .* to direct it to the person concerned. This will prevent your letter from waiting in an in-tray until the addressee returns from holiday or sick-leave.

1.2.5 Salutations

On the whole, salutations are more formal than the corresponding English formulae. In business *Messieurs* is used for a firm and *Monsieur (Madame)* for an individual one has not known for very long. *Cher Monsieur (Madame)* is for correspondents one would use 'Dear John' to in English business style. *Cher Monsieur* should not be followed by the person's family name as this is only used when writing to subordinates.
Possible variations:
Monsieur et Cher Client,
Monsieur et Cher Confrère, (to doctors, lawyers, etc)
Cher Camarade (to ex-classmates)
Cher Collègue (to teachers and colleagues of the same rank)
No abbreviations are possible here. The standard abbreviations should be reserved for references within the body of the letter. These are:
M. for Monsieur
Mme for Madame
Mlle for Mademoiselle

MM. for Messieurs
Mmes for Mesdames
Me for Maître (a lawyer or notary)
Dr for docteur
Some titles have no female equivalent (*Maire, Ministre*), so women holding such offices should be addressed as, eg, *Madame* le *Ministre*, whereas one would write to *Madame* la *Directrice*.
Lastly, there is sometimes a difference between the way one addresses a person in the salutation and in the body of the letter.
Examples:

Salutation	**Body of the letter**
Sire	Votre Majesté
Monsieur l'Ambassadeur	Votre Excellence

1.2.6 Complimentary close

This is a difficult part of the letter as there are infinite variations depending on the tone. The paragraph is made up of six elements, as follows:

1. Link with what came before. This is not compulsory but helps reduce the number of paragraphs. Avoid putting any vital information here as this paragraph is rarely read carefully.
   Dans l'attente du plaisir de vous revoir/rencontrer à cette occasion, . . .
   En vous priant de nous excuser pour . . .
   En vous renouvelant toutes nos excuses pour . . .
   Dans l'espoir d'une réponse favorable, . . .
   Toujours dévoués à vos ordres, . . .
   En espérant vous avoir donné satisfaction/répondu à votre demande . . .

2. Veuillez . . .
   Nous vous prions d'/de . . .
   Je vous prie d'/de . . .

3. agréer,
   accepter,
   croire,
   recevoir,

4. The *complete* salutation is to be repeated here (eg *Messieurs, Cher Collègue,* etc).

5. l'assurance
   l'expression
   l'hommage (to a woman only)

6. de mes/nos sentiments distingués
   de ma/notre considération distinguée
   de mes/nos sentiments (les plus/très) dévoués

The following table gives a guide to closing phrases suitable for particular salutations.

Salutation	Complimentary close
Monsieur	de nos salutations distinguées
	de ma/notre considération distinguée
Madame	de mon/notre respect
Messieurs	de mes/nos sentiments dévoués
Cher Monsieur	de mes/nos sentiments les meilleurs
	de mon/notre plus amical souvenir

Assurance de is more formal than *expression de*. Thus *Nous vous prions d'agréer, Messieurs, l'assurance de nos sentiments les plus distingués,* will be suitable in a letter to people unknown to the writer.

1.2.7 Signature

This can vary from the personalized to the very impersonal.

1. When the letter is written by an individual and personalized, use this formula:

Guy LANGE

Directeur

2. When the writer is writing in his official capacity, rather than as an individual, use:

Le Chef du Service Export,

J. VAIS

3. When the letter is written on behalf of the company as a whole, use:

Pour EXPORRAMA SA,
Le Directeur-Gérant,

4. When there is no need for personalization (eg in the case of a circular), prefer the following style:

TRANSPORTS RAPIDES

Jean Perret

Service Clientèle

1.2.8 Other features

Confidentiel is usually typed on the left-hand side below the references.
Copie à appears in the bottom left-hand corner of a letter and is followed by the names or initials of people who are to be sent a copy.
P.J. (pièces jointes) is followed by a list of enclosures and should appear below the subject line, but may also be found at the foot of the letter.
A l'attention de is used to draw the attention of a particular person to the letter. It may appear on the left, above the salutation, (where it is often underlined), or below the inside address on the right.

1.2.9 Layout and punctuation

The open punctuation system prevails, with no punctuation except after the salutation, in the body of the letter and after the introduction to the signature, if any.
The indented style is still very much in use, although *la présentation à l'américaine* (fully blocked style) is perfectly acceptable. This will not, however, affect the position of the inside address and the date.

1.2.10 Capital letters

Traditionally French makes much less use of capital letters than English. However, under the influence of foreign usage and the style currently used in advertising, there is now a greater tendency to use capital letters in France.

1. Months, days of the week, *rue, boulevard* and *avenue* do not have initial capitals:
   Paris, le 13 mars 1988
   la rue de Rennes
   l'avenue d'Iéna
   il était présent le jeudi et le vendredi.
2. Ranks, titles and offices take initial capitals in the inside address, the salutation and the complimentary close. They should not have them anywhere else: *le président directeur général nous a reçus . . .; le premier ministre a déclaré . . .*
3. Surnames should be in capital letters, although this convention is not always observed: *Nous avons reçu la visite de M. DUPONT.*
4. Capitals are used for towns after the postal code: *56610 ARRADON*

1.2.11 Sample letter

Logo

Letterhead

SOCIETE NOUVELLE DES ETABLISSEMENTS

LEMAITRE ET FILS   SNELF SA

Agence de Paris

15 rue Carinne
BP 262
92111 CLICHY CEDEX
Tél: 1 42 70 00 +
Télex: SNELF 610650 F

Département: Maintenance

Monsieur le Chef des Achats
Société REMI
12, rue du Maréchal Leclerc
BP 43
91421 MORANGIS CEDEX

Inside name and address

Reference
n/ref.: BC/MN n°88/202 M
v/ref.:

Subject line
Objet: Radio-Horloges PROGRAM

Clichy, le 12 janvier 1989

Date and place

Enclosures
P.J.: 1 catalogue PROGRAM Master
1 tarif 88

Salutation
Monsieur,

Indented paragraph

Lors du Salon de l'Outillage, vous nous avez fait part de votre intention d'équiper votre établissement de Créteil d'un système de synchronisation des équipements isolés.

Body of the letter

C'est avec plaisir que nous vous faisons parvenir le catalogue complet de nos radio-horloges programmables qui, nous en sommes persuadés, répondront à vos besoins particuliers.

Notre ingénieur-conseil, Dominique MAILLARD, se tient à votre entière disposition pour étudier avec vous un système de commutation qui réponde aux normes en vigueur. N'hésitez pas à le contacter au Service Clientèle, poste 235.

Complimentary close

En vous remerciant de l'intérêt que vous portez à notre gamme, nous vous prions de recevoir, Monsieur, l'assurance de nos sentiments les meilleurs.

Status
Le Directeur du Service Clientèle,

Name and signature

B. CHARDINE

Copy to:
Copie à: DM

Data on company (compulsory)

Société anonyme au capital de 20.000.000 F – Siège social: 104 rue Félix Faure 75015 PARIS – Télécopieur: 1 42 70 37 66 – Code APE: 5540 – RCS: Paris B 320 048 910/80 B 6300 – Siret: 320 048 945 0011 C.C.P. 586 48 Paris.

CAEN – DIJON – ROANNES – STRASBOURG

Other branches/ subsidiaries

☐ 1.3 Addressing the envelope

The name and title are set out in the same way as in the letter, but abbreviations can be used, as follows:

rue	R
avenue	Av
boulevard	Bld
place	Pl
impasse	Imp
escalier	Esc
Bâtiment	Bât
appartement	Appt

> Monsieur Yves THOMAS . . . . . . surname in capitals
> Directeur Export
> Société Française de Commerce
> 45, boulevard des Belges
> MOULOT . . . . .place without a postcode of its own
> 58500 CLAMECY . . . . .postcode + name of town in capitals
> FRANCE . . . . .country in capitals

Note that, where there is a possibility of confusion between internal and foreign postal codes, people sending mail are now advised to put the postal abbreviation of their country before the internal code. For example, B-5220 is in Belgium, F-52200 in France.

Various other phrases may also appear on the envelope:

Urgent *or* Lettre	First class mail
Aux bons soins de . . .	Care of
Prière de faire suivre SVP	Please forward
Echantillon sans valeur	Samples, no commercial value
Recommandé	Registered
Imprimés	Printed matter
Contre remboursement	Cash on delivery

Postal codes are easy to decipher. The first two digits are for the *département* and are the same as on car number plates. The last three correspond to the postal area; large towns may have several areas. Major users are also granted a special postcode as are postboxes, eg:

Office Départemental du Tourisme
Préfecture
BP 419
50009 SAINT-LO

The complete directory of codes for all the 36000 French *communes* can be bought from any post office. If in doubt, just give the first two digits of the *département* (see list below). Generally, the *préfecture* (equivalent of the county town) is 000, eg VANNES = 56000.

The following list shows the two (or three) digits which represent each *département*. In addition to their use in postcodes, the numbers make up the last digits on car number plates. Note that unfortunately *département* code number and *indicatif téléphonique* (telephone area code) do not correspond.

Province

Ain	01	Indre	36
Aisne	02	Indre-et-Loire	37
Allier	03	Isère	38
Alpes-de-Haute-Provence	04	Jura	39
Alpes (Hautes-)	05	Landes	40
Alpes-Maritimes	06	Loir-et-Cher	41
Ardèche	07	Loire	42
Ardennes	08	Loire (Haute-)	43
Ariège	09	Loire-Atlantique	44
Aube	10	Loiret	45
Aude	11	Lot	46
Aveyron	12	Lot-et-Garonne	47
Belfort (Territoire de)	90	Lozère	48
Bouches-du-Rhône	13	Maine-et-Loire	49
Calvados	14	Manche	50
Cantal	15	Marne	51
Charente	16	Marne (Haute-)	52
Charente-Maritime	17	Mayenne	53
Cher	18	Meurthe-et-Moselle	54
Corrèze	19	Meuse	55
Corse du Sud	2A	Morbihan	56
Corse (Haute-)	2B	Moselle	57
Côte-d'Or	21	Nièvre	58
Côtes-du-Nord	22	Nord	59
Creuse	23	Oise	60
Dordogne	24	Orne	61
Doubs	25	Pas-de-Calais	62
Drôme	26	Puy-de-Dôme	63
Eure	27	Pyrénées-Atlantiques	64
Eure-et-Loir	28	Pyrénées (Hautes-)	65
Finistère	29	Pyrénées-Orientales	66
Gard	30	Rhin (Bas-)	67
Garonne (Haute-)	31	Rhin (Haut-)	68
Gers	32	Rhône	69
Gironde	33	Saône (Haute-)	70
Hérault	34	Saône-et-Loire	71
Ille-et-Vilaine	35	Sarthe	72

Savoie	73	Paris (Ville de)	75
Savoie (Haute-)	74	Seine-et-Marne	77
Seine-Maritime	76	Seine-Saint-Denis	93
Sèvres (Deux-)	79	Val-de-Marne	94
Somme	80	Val-d'Oise	95
Tarn	81	Yvelines	78
Tarn-et-Garonne	82		
Var	83	**Outre-Mer**	
Vaucluse	84	Guadeloupe	971
Vendée	85	Guyane	973
Vienne	86	Martinique	972
Vienne (Haute-)	87	Réunion	974
Vosges	88	Saint-Pierre-et-Miquelon	975
Yonne	89	Mayotte	976

Région Parisienne

Essonne	91
Hauts-de-Seine	92

For obvious reasons there is no sub-section in this half of the Handbook which corresponds to:
2 La lettre commerciale américaine (The American business letter).

---

3 The style of a French business letter

☐ 3.1 Abbreviations

Only use common abbreviations which are known to your reader: *BP (boîte postale), BPF (Bon pour Francs), Cie (compagnie), dz (douzaine), EDF (Electricité de France), etc., GDF (Gaz de France), km/m (kilomètre/mètre), NB (nota bene – note), P&T/PTT (Postes et Télécommunications), SNCF (Société Nationale des Chemins de Fer Français), sté (société), SVP (s'il vous plaît), RIB (relevé d'identité bancaire), 50 Frs.*

One must be very careful when using English abbreviations or acronyms as the word order is usually different in French; eg the French equivalent of UNO (United Nations Organization) is *ONU (Organisation des Nations Unies)*, of IMF (International Monetary Fund) is *FMI (Fonds Monétaire International)* and of USSR (Union of Soviet Socialist Republics) is *URSS (Union des Républiques Socialistes Soviétiques)*. (See also Section B 2.3.)

□ 3.2 Ambiguity

3.2.1 Sentence length

Long sentences can become very muddled and difficult to understand.

En outre toute pièce reconnue défectueuse après démontage le jour de notre intervention et non prévue dans le présent devis de remise en état selon bon de commande n° ZC44 vous sera échangée après accord verbal de votre part et facturée en sus suivant attachement dûment émargé par vos soins.

This sentence is too long. The same information could be much more clearly given in two sentences:

Ce devis ne comprend pas le remplacement des pièces qui seraient reconnues défectueuses après démontage. Après accord verbal, confirmé par écrit, de votre part, celles-ci vous seront facturées en sus.

3.2.2 Punctuation

Sentences must be broken up by the use of commas. As outlined above, a very long sentence should be turned into two or three shorter ones.

A comma is compulsory after the name of the place in the date (*Caen, le 25 mars 1988)*, in the salutation, *(Monsieur,)*, and in the complimentary close before and after the title (*Veuillez agréer, Messieurs, nos salutations distinguées)*. In the inside address, if the street number comes first, a comma is often used to separate the number from the street name (*25, rue du Pont)*.

Important

It is important to note that, traditionally, the decimal point was expressed by a comma in French, eg:
UK: 1,752,002.65
Fr: 1 752 002,65
However, under the influence of calculating machines imported from abroad, the decimal point is now commonly found, especially for money and radio wave lengths eg: 101.2 Mhz; Fr 1.50.
There should be no commas:
1. after *si, pourquoi* and *comment* in indirect style:
   Nous ne sommes pas en mesure de dire pourquoi nos fournisseurs nous ont fait défaut.
2. before *et,* unless the second clause bears no relation to the first:
   Notre entrepôt, nos magasins et nos ateliers seront fermés demain mardi.
   Du fait de la conjoncture économique actuelle, et nous ne pouvons que le déplorer, nous ne pourrons plus prendre de commande sans exiger un acompte.

3.2.3 Word order

French word order is substantially different from English, especially for adjectives.

Compare: une machine électronique
                 un ingénieur français
                 un colis gravement endommagé
                 un risque certain

with: une bonne couverture d'assurance
                 une grande entreprise
                 un certain risque

It can be seen from these examples that some adjectives give a more objective and direct description whereas others are more subjective and figurative. In French, the former generally occur before the noun and the latter after.

The structure of the French language is fundamentally analytical. Words are related to one another by link words (*de, à,* etc.) and the lack of these links will lead to unintelligible sentences.

The normal word order is:
(je, nous) + ne + (me, nous) + (lui, leur) + y + en + verb/auxiliary + verb + (pas, jamais, plus) + adverb (short adv) + past part + personne + adverb (long adv) + adverb (time or place)

Examples:
Nous ne lui en avons pas trop parlé hier.
Je ne leur ai rien promis personnellement.

3.2.4 Pronouns

In normal business correspondence, even when beginning a letter with *Cher Ami,* people should always be addressed as *vous* rather than as the more familiar *tu.* In general, you should not use *tu* until the other person has addressed you as such, as it may be considered familiar or insulting.

3.2.5 Abbreviated messages

When writing in a foreign language, it is usually necessary to be more explicit than one would normally be in other circumstances. This should be kept in mind when writing telexes and cables. In addition, excessive abbreviation may lead to confusion:
VEHICULES EXPEDIES 21 FEVRIER ENDOMMAGES
Were they damaged during transit or after arrival?

□ 3.3 Commercialese

As in English, some old-fashioned words and phrases have fallen into disuse:

Do NOT use	Use
Comme suite à votre honorée du . . .	*Vous nous avez consulté pour/ demandé de . . .*
Dans l'attente de vous lire . . .	*Nous espérons que notre offre retiendra votre attention, . . .*
Votre courrier du 18 courant . . .	*Votre lettre du 18 mars . . .*
Dans l'attente de vous lire, et toujours dévoués à vos ordres . . .	*Dans l'attente de votre réponse, nous restons à votre disposition pour . . .*

□ 3.4 Spelling

Spelling mistakes in a business letter tend to make the reader think that the company is inefficient. Unless you have a spelling checker in your word processing programme, your knowledge of spelling is the only way to make sure your letter is mailable. Check in the dictionary that you are not mistakenly using a French word which *sounds* like the English term you wish to translate, but in fact has a different meaning. The following is a list of words which often cause particular confusion:

English	French
delay	retard
deadline/time limit	délai
ready	prêt
willing	disposé à
investigation	enquête
inquiry	demande de renseignements
correspondence	correspondance
connection	correspondance
receipt	reçu
recipe	recette
order	commander
command	ordonner
director	administrateur
manager	directeur
charge	accusation
load	charge
diploma	certificat
degree	diplôme
Business School	Ecole Supérieure de Commerce
deception	tromperie
disappointment	déception

☐ 3.5 Tone

3.5.1 Slang

As in any other language, a non-native speaker should never fall into familiarity or slang, as this will very often be inappropriate to the specific context. Furthermore, one should bear in mind that French business style is fairly formal.

Beware of simply repeating phrases you have heard other people use. For example, you should not say *Nous n'en avons rien à fiche* but *Ce problème ne nous concerne pas / n'a rien à voir avec nous.*

3.5.2 Tact

Tact is a very elusive concept to define. Beyond obvious guidelines valid for every culture in the world, the French, although apparently more formal in their approach, can be much more direct, for example:

English	French
I'm afraid not.	Non.
This is a very good point but . . .	Oui, mais je pense que . . .
It's going to be extremely difficult to . . .	C'est impossible.

Too much beating about the bush in over-elaborate sentences will miss the point. In other words *Ce qui se conçoit bien s'énonce clairement.*

The following guidelines may also be of use:
1. Emphasis is best expressed by using the *c'est* . . . structure:
   C'est avec grand plaisir que nous vous faisons parvenir . . .
2. Use *on* with an active verb rather than the passive which might be preferred in English:
   The car was unloaded on time.
   On a déchargé la voiture à l'heure.
3. The impersonal approach is often preferred to the personalized style:
   Customs are not likely to take this view.
   Il est peu probable que la douane accepte ce point de vue.
4. The subjunctive
   All forms of the past are slowly falling into disuse. The tendency now is to use the present instead.
   Nous aurions voulu qu'il vienne (vînt).
   Nous recherchions quelqu'un qui ait (eût) cette expérience de notre produit.

☐ 3.6 Formality

3.6.1 English words

Although this is prohibited by law, there is extensive use of English words. One should note, however, that these have often acquired a different meaning in French, eg *un listing* (a print-out), *un smoking* (a dinner jacket).

3.6.2 Style

Some companies prefer their employees to use *nous* rather than *je* when writing on behalf of the company. The same pronoun should then be kept throughout and the letter signed as in the last three examples in Section A 1.2.7.

Note that in the body of the letter people should be given their full title: *Monsieur le secrétaire général a proposé que* . . . (The company secretary has suggested that . . .).

Compare the following letters:
1. To a colleague whom you have done business with many times:

Cher Ami,

J'ai été très heureux de vous revoir la semaine dernière et de visiter votre belle ville à nouveau. Tous mes remerciements pour l'excellent repas que vous m'avez offert.

J'ai vérifié au sujet des livres que vous avez mentionnés: ils paraîtront en 19—. Je vous en enverrai 20 exemplaires de chaque dès qu'ils sortiront.

Je vous suggère de m'appeler un peu plus tard dans le mois pour discuter de votre nouveau catalogue.

Merci encore une fois pour tout ce que vous avez fait pour moi.

Bien cordialement,

This letter could be made less formal by handwriting the complimentary close and the salutation.

2. To an older and more senior person whom the writer has met once:

Cher Monsieur,

Notre rencontre la semaine dernière et la visite de votre charmante ville ont été des plus agréables. J'aimerais vous remercier également pour l'excellent repas que nous avons fait.

Comme suite à notre conversation, nous pouvons maintenant vous confirmer que les titres d'ouvrages que vous avez mentionnés seront disponibles en 19—. Nous vous en enverrons 20 exemplaires de chaque dès leur parution.

J'espère que nous pourrons discuter de votre catalogue à une date ultérieure.

Je vous remercie à nouveau de votre accueil et vous prie d'agréer, Cher Monsieur, l'expression de mes sentiments les meilleurs.

4 Planning the letter

☐ 4.1 Subject heading

(See the sample letter in Section A 1.2.11 for the correct position of the subject heading.) This gives the gist of the letter and provides an immediate point of reference for the reader. It allows the writer to introduce his topic and refer to it throughout the letter.

As a rule, subject lines are not underlined or written in capitals. Some writers will however use bold face, and when the subject is very long, underlining becomes almost compulsory for the sake of clarity. Note that both *Objet*: and *Concerne*: can be used to introduce the subject.

Objet: **Taïwan Trading Corp.**

Objet: Contrat d'entretien des ascenseurs de la Tour Ouest de la résidence "Le Grand Pavois".

Concerne: n/c 15.03.88

Note: *n/c* is the usual abbreviation for *notre commande* (our order).

☐ 4.2 First paragraph

Refer to previous correspondence:

Nous vous remercions pour votre demande de renseignements du (date).

En réponse à votre lettre du (date), veuillez trouver ci-joint les détails concernant notre . . .

Nous vous remercions pour votre télex du (date) nous demandant des renseignements sur notre . . .

Comme suite à notre conversation téléphonique de ce jour, nous vous confirmons que . . .

If there is no previous correspondence:
either a) introduce yourself:
Nous sommes une société (type of company) de la région de (location) et sommes intéressés par (product).
Je prévois d'ouvrir (describe enterprise) sur un emplacement de premier ordre, à (location).
Nous sommes au Royaume-Uni le principal fournisseur de . . .
or b) state the purpose of your letter:
Nous vous écrivons au sujet de . . .
Veuillez trouver ci-joint notre commande de . . .
Nous sommes désireux d'acheter . . .

☐ 4.3 Middle paragraph

This will give the details of the purpose of writing:
Veuillez trouver ci-joint quelques brochures qui présentent le détail de notre gamme de produits, ainsi que le tarif en vigueur.
La réservation était pour une chambre avec douche pour une personne pour quatre nuits, du 19 au 22 septembre inclus.
Pourriez-vous nous faire savoir si cette société a, dans le passé, eu des impayés ou déposé son bilan?

☐ 4.4 Final paragraph

If the letter is a reply, thank them again:
Je vous remercie à nouveau pour votre commande.
votre demande de renseignements.
l'intérêt que vous nous avez marqué.
votre coopération.

If the letter is an apology, repeat the apology:
Je vous prie une fois encore d'accepter nos excuses pour le retard dans l'envoi de ces renseignements . . .
Une fois encore, nous vous présentons nos excuses pour le retard mis à régler ce compte . . .

If you want something done, say so . . .
Dans l'attente du plaisir de recevoir votre cotation . . .
Veuillez confirmer la réservation par télex.

Encourage a reply:
Une réponse rapide nous obligerait.
Nous espérons que les renseignements ci-joints répondront à vos questions mais nous restons à votre entière disposition pour toute information complémentaire.
Nous espérons que les conditions que nous vous offrons vous intéresseront et dans l'attente d'une réponse de votre part, nous vous prions d'agréer . . .

Part 2　Expressions used in business correspondence

5　Enquiries

☐　5.1　First enquiry

5.1.1　Opening sentences

Nous aimerions acheter . . .
　　　　　　　installer . . .
Nous aurions besoin de la livraison immédiate de . . .
Nous sommes (describe company) et recherchons un fournisseur de . . .
Suite à votre publicité dans . . . pourriez-vous nous faire parvenir de plus amples détails concernant . . .
Nous sommes (describe company) et aimerions acheter . . .
Vous serait-il possible de nous envoyer votre catalogue et votre tarif en vigueur?

5.1.2　Mentioning contact

Votre nom nous a été indiqué par . . .
Suite à une recommandation de . . .
Nos associés en . . . nous ont dit le plus grand bien de vos produits.
　　　　　　　　　　　　　　　　　　　　　　　　　　　services.
Votre société nous a été recommandée par . . .
Il semble d'après . . . que vous fournissez . . .
Suite à une visite à votre stand à la Foire . . .
　　　　　　　　　　　　　　à l' Exposition . . .
　　　　　　　　　　　　　　au Salon . . .
Suite à votre publicité dans . . . veuillez nous envoyer les détails concernant . . .

5.1.3　Asking about conditions

Veuillez nous faire parvenir vos prix pour . . .
　　　　　　　　　faire savoir si vous pouvez fournir . . .
　　　　　　　　　fournir un prix pour . . .
Veuillez nous faire parvenir de plus amples détails en ce qui concerne . . .
　　　　　　　　　　　　　votre tarif des prix en vigueur.
　　　　　　　　　　　　　votre catalogue exportation.
　　　　　　　　　　　　　quelques détails sur les marchandises
en stock.
　　disponibles pour livraison immédiate.
　　　　　　　　　　　expédition immédiate.
Nous aimerions connaître vos remises d'usage, ou pour paiement comptant.
Nous aimerions savoir quelles sont les réductions sur la quantité que vous offrez.

Pourriez-vous également nous envoyer les détails en ce qui concerne les frais d'emballage et de livraison ainsi que les délais de paiement et remises.

Une livraison rapide est essentielle et nous aurions besoin de votre assurance que vous pourrez respecter les délais fixés.

Pourriez-vous nous envoyer toute information complémentaire au sujet de . . .

Nous pouvons fournir les références commerciales habituelles.

5.1.4 Closing the letter

Nous aimerions prendre une décision le plus rapidement possible et dans l'attente d'une réponse de votre part, . . .

Nous aimerions prendre une décision au plus vite et dans l'attente d'une réponse rapide, . . .

Si les prix que vous nous offrez nous semblent compétitifs, nous passerons des commandes importantes de façon régulière.

□ 5.2 Replies to enquiries

Nous vous remercions de votre courrier du 9 juillet 19— par lequel vous nous demandez des renseignements au sujet de . . .

Nous vous remercions de votre demande de renseignements du 9 juillet 19— concernant . . . Veuillez trouver ci-joint notre dernier catalogue.

notre tarif en vigueur.

des échantillons de

différents dessins ainsi que notre tarif en vigueur.
différentes qualités

Suite à votre demande par téléphone de ce jour, nous vous offrons les
produits suivants aux prix indiqués.
marchandises suivantes

5.2.1 Positive answer

Nous avons le plaisir de vous soumettre l'offre suivante.

Nos termes sont nets, avec paiement à effectuer dans les 28 jours suivant la date de facturation.

Nous avons la marchandise en stock et pouvons satisfaire votre date de livraison.

Nous pouvons offrir une grande variété de . . . à des prix intéressants.

Nous pouvons offrir des conditions avantageuses en ce qui concerne . . .

Nous pouvons fournir sans délai toute quantité de marchandises requise.

En ce qui concerne toute commande de . . . et plus, nous offrons une remise spéciale de . . .%

Suite à votre demande, nous pouvons livrer les quantités requises issues de notre stock . . . jours après réception de la commande.

Nos termes habituels sont traite bancaire contre facture fictive.
documents contre lettre de crédit irrévocable.
. . .% de remise pour paiement dans les 28 jours.
. . .% de remise sur le prix net pour toute commande supérieure à . . .

Nous pouvons vous coter un prix brut, comprenant la livraison.

Tous les prix indiqués sont FOB (port) et donnent lieu à une remise de . . . % par lettre de crédit.

Veuillez noter que ces prix sont valables . . . jours. Si une commande n'est pas passée dans ces délais, les prix indiqués ne sont plus garantis.

5.2.2 Persuading

Nous sommes convaincus que lorsque vous aurez vu notre produit, vous trouverez qu'il est le meilleur sur le marché.

Nous avons la certitude que vous ne serez pas déçu par ce produit et en offrons comme preuve une garantie de trois ans.

La remise offerte n'est valable que sur les commandes passées avant le (date).

Nous vous offrons des produits de la plus haute qualité et vous assurons que si vous n'en étiez pas satisfaits pour quelque raison que ce soit, vous pourriez les renvoyer sans obligation d'achat.

Nous espérons que vous profiterez de notre offre exceptionnelle.

5.2.3 Negative answer

Nous regrettons de ne plus pouvoir fournir ce produit et suggérons que vous contactiez (give the name of another company).

En raison d'une demande insuffisante, nous ne produisons plus le/la . . . qui vous intéresse. Nous pouvons cependant vous fournir un(e) autre . . . de type similaire, dont vous trouverez les détails ci-joints.

Nous fabriquons bien le produit que vous demandez, mais n'en assurons pas la distribution. Il vous faut passer par l'un de nos agents. Veuillez contacter (give the name and address of the agent) qui se fera un plaisir de traiter votre commande.

5.2.4 Closing the letter

N'hésitez pas à nous contacter si vous aviez besoin de plus amples renseigne-ments. Dans l'attente du plaisir de vous revoir . . .

lire . . .

Nous espérons que vous nous passerez commande de l'article en référence et dans l'attente d'une réponse, nous vous prions . . .

Nous ne doutons pas que notre offre vous intéressera et espérons recevoir votre commande.

Dans l'espoir d'une réponse rapide, nous vous assurons que votre commande recevra la plus prompte attention.

Comme vous pouvez le voir, nos prix sont très compétitifs, mais susceptibles
d'augmenter dans les trois mois à venir. Nous vous suggérons donc de passer
votre commande au plus vite.

Nous suggérons que vous passiez votre commande au plus vite, car les stocks
sont limités.

☐ 5.3 Sample correspondence

Short enquiries: often short enquiries are telexed, faxed or made by phone. The
following are examples of letters which can be used as models:

Monsieur,

Suite à ma visite à votre stand lors de la récente exposition
Interstoffe, je me suis procuré un exemplaire de votre catalogue
ainsi que votre tarif.

A cet égard, j'aimerais savoir si vous accepteriez de modifier vos
conditions et d'offrir une remise de 5% pour paiement comptant à la
livraison?

Notre agent, Monsieur RAPFEL, vous contactera avant la fin
du mois afin de discuter les termes d'un accord.

Je vous prie de croire, Monsieur, à l'expression de mes sincères
salutations.

Cher Monsieur,

Par un ami commun, Alan Walters, j'ai appris que vous aimeriez
vendre vos machines sur notre marché.

Veuillez me faire parvenir votre tarif et vos catalogues.

Les prix devront être calculés sur la base CAF documents contre
acceptation à 30 jours, et inclure ma commission de 7%.

Je vous prie d'agréer, Monsieur, l'expression de mes sentiments les
meilleurs.

Letter giving a quotation in reply to an enquiry:

> Monsieur,
>
> Nous vous remercions de votre demande de renseignements. C'est avec plaisir que nous vous cotons les articles suivants:
>
> | | | |
> |---|---|---|
> | Lumière Concord Wenda | ref 984 | 98.26 |
> | Baguette d'aluminium (3500 mm) | ref 879 | 300.25 |
> | Baguette d'aluminium (4000 mm) | ref 239 | 312.28 |
> | Boîtes de câbles (Groupe A) | ref 237 | 38.40 |
> | Boîtes de câbles (Groupe B) | ref 238 | 37.98 |
>
> Veuillez trouver ci-joint toute information se rapportant à ces articles. Les prix indiqués sont ceux en vigueur à la date d'envoi.
>
> Dans l'attente de recevoir votre commande, nous vous prions, Monsieur, de recevoir nos sincères salutations.

Negative reply to an enquiry:

> Cher Monsieur,
>
> Nous vous remercions pour votre lettre du 16 avril se référant à votre action New Sound and Vision, et vous prions de bien vouloir nous excuser pour notre réponse tardive.
>
> Nous sommes effectivement le distributeur agréé des lasers à gaz MCA et nous avons ici même à Bookham un stock disponible pour livraison immédiate, mais nous n'avons malheureusement pas le laser 50mW HeNe. Nous regrettons donc de ne pouvoir mettre cet article à votre disposition pour mener à bien votre projet.
>
> Cependant, nous avons passé votre lettre à nos collègues de MCA qui sont d'accord pour vous contacter directement. Nous craignons néanmoins qu'ils soient dans une situation identique à la nôtre en matière de stock.
>
> En vous remerciant de votre intérêt, veuillez croire, Cher Monsieur, en nos sentiments les meilleurs,
>
> | | |
> |---|---|
> | Copie à: | Le Chef des ventes internationales, |
> | M. I. Stone (MCA) | Peter Clarke |

6 Orders

Orders are usually made on the company's official order form, telexed or telephoned. There should be a covering letter to confirm the terms.

☐ 6.1 Covering letter

6.1.1 Opening sentences

Nous vous remercions pour votre cotation du (date). Comme les prix et termes nous conviennent, veuillez trouver ci-joint notre commande Numéro . . .

Afin de confirmer notre commande, veuillez trouver ci-joint notre bulletin de commande pour (amount) (description) pour expédition immédiate.

6.1.2 Giving delivery details

Veuillez envoyer le chargement par avion.
Veuillez arranger une livraison par train.
Veuillez envoyer la marchandise par service cargo régulier.
par route.

Veuillez vous assurer que les instructions d'emballage ci-jointes seront scrupuleusement suivies.

Les marchandises doivent être emballées
devraient être sous bandes selon nos instructions.
seront en caisses
marquées

Il est essentiel que la livraison soit effectuée avant novembre, pour nous permettre de distribuer la marchandise à nos magasins avant Noël.

6.1.3 Confirming terms of payment

Etant donné qu'il s'agit de la première commande que nous vous passons, nous paierons comptant contre documents, comme convenu.

Nous désirons profiter de la remise importante que vous accordez pour paiement rapide.

Vous pouvez émettre une traite à . . . jours sur nous du montant de la facture plus les frais.

Nous vous confirmons que le paiement sera effectué par lettre de crédit irrévocable.

Une fois la commande reçue, nous vous enverrons une traite bancaire.

Les paiements seront effectués chaque trimestre, comme convenu.

Nous aimerions vous remercier pour la remise de . . . % sur les marchandises et la remise de . . . % sur les commandes de plus de . . . francs français que vous nous offrez.

6.1.4 Closing the letter

Dans l'attente de votre expédition,
bordereau d'expédition,
accusé de réception,
confirmation en ce qui concerne . . .,
nous vous prions d'agréer . . .
Toujours dévoués à vos ordres . . .,
En espérant que ceci marque le début de relations suivies entre nos deux
sociétés, nous vous prions. . .

☐ 6.2 Confirming an order

6.2.1 Acknowledging

Nous vous remercions pour votre commande Numéro . . . et vous en joignons
par la présente confirmation officielle.
Nous vous remercions pour votre lettre du (date) et pour la commande jointe.

6.2.2 Informing the customer of what is being done

Nous avons pris bonne note de vos instructions et espérons que les marchandises
seront prêtes à l'envoi le (date).
La livraison aura lieu le (date).
le (date) prochain.
d'ici (date).
le plus tôt possible.
dans les trois semaines à venir.
Nous avons déjà préparé votre commande et sommes en train d'organiser une
expédition immédiate.
Les marchandises ont été envoyées aujourd'hui même par avion.
seront envoyées demain   par train.
par bateau.
Votre commande est en cours, et devrait être prête à l'envoi la semaine
prochaine.
Votre commande pourrait malheureusement prendre jusqu'à trois mois, étant
donné que nous attendons des pièces détachées.
Comme vous nous l'avez demandé, nous nous sommes occupés de faire assurer
votre commande et vous trouverez la police jointe à la lettre de voiture
aérienne.

6.2.3 Telling the customer the goods have been sent

The supplier may send a letter or an *avis d'expédition* (Advice Note) which is a
special form telling the customer that the goods have been despatched.
Nous vous informons que votre commande n° . . . a été mise à bord du
MV (name of vessel) qui appareillera le (date) de (place) pour atteindre (place) le

(date). Veuillez trouver ci-joint l'avis d'expédition n° . . . et la copie de votre facture en . . . exemplaires.

N'hésitez pas à nous aviser immédiatement en cas de problème survenant durant le transport.

6.2.4 Telling the supplier that goods have not arrived

Nous avons le regret de vous informer que notre commande Numéro . . . du (date) ne nous est toujours pas parvenue à ce jour.

Nous vous confirmons notre télex de ce jour par lequel nous vous avons informés du fait que notre commande Numéro . . . ne nous est toujours pas parvenue.

Nous sommes surpris de ne pas avoir encore reçu livraison de notre commande Numéro . . . du (date) comme convenu.

6.2.5 Keeping the customer informed of delays

Malheureusement, il y a eu un retard de deux semaines dans la livraison. Ce retard, dû à une grève des douaniers, était totalement imprévisible.

Nous sommes désolés d'apprendre que votre commande n'est pas encore arrivée. Nous avons recherché la cause de ce retard et découvert que . . .

6.2.6 Cancelling an order

Le (date), j'ai commandé (description of goods) qui devrai(en)t être livré(e)(s) à la fin du mois. J'ai cependant découvert que notre stock actuel suffit à nos besoins pour le mois à venir et j'aimerais donc reporter ma commande jusqu'à ce qu'elle s'avère nécessaire. J'espère qu'en raison de nos relations de longue date, vous accepterez cette modification.

En ce qui concerne notre commande Numéro . . . du (date), nous vous rappelons que nous avions insisté sur le fait qu'il était essentiel que vous respectiez la date de livraison du (date). Nous n'avons pas encore reçu la marchandise à ce jour, bien que nous vous ayons écrit deux fois à ce sujet. Nous n'avons donc d'autre solution que d'annuler notre commande. Nous regrettons cette situation mais n'avons d'autre possibilité, étant donné que les marchandises devaient être expédiées demain et que nous n'avons maintenant pas d'autres moyens de les faire parvenir à nos clients.

Si vous n'avez pas encore préparé notre commande Numéro . . ., veuillez retenir la marchandise jusqu'à ce que nous vous contactions.

Veuillez ne pas envoyer la commande Numéro . . ., car nous vous avons expédié un document erroné.

Comme nous ne sommes pas entièrement satisfaits de votre dernière livraison de (goods), veuillez annuler notre renouvellement de commande Numéro . . .

☐ 6.3 Sample correspondence

Acknowledgement of an order:

PAUL MAILLOT et Cie

25, rue de l'Envigne
B.P. 130
80012 AMIENS CEDEX

A l'attention de Monsieur Bosc

Leeds, le 18 mai 19—

Vos réf.: AP/6887
Nos réf.: TR2314/D

Objet: Commande N° TR2314/D

Messieurs,

Nous vous remercions de votre commande ci-dessus, qui est en cours de traitement.

Nous avons tous les articles en stock, et le tout devrait être prêt à l'envoi la semaine prochaine.

Nous vous informerons dès que nous serons en mesure de confirmer l'expédition des marchandises.

Nous vous prions d'agréer, Messieurs, l'assurance de nos sincères salutations.

P. March

P. MARCH

Covering letter when sending an order:

Objet: International Handbook

Cher Monsieur,

C'est avec plaisir que je joins un exemplaire du livre en référence. Je vous prie d'excuser le retard que nous avons mis à vous satisfaire. Comme je vous l'ai expliqué dans ma dernière lettre, ce retard est dû au fait que le premier tirage était épuisé.

Grâce à ce manuel, vous pourrez dialoguer avec tout appareil compatible dans plus de 60 pays.

Si vous désirez des renseignements complémentaires, n'hésitez pas à me contacter au numéro indiqué plus haut ou encore à me laisser un message par l'intermédiaire de notre 'Telecom Gold Mailbox' 45PT1000.

En vous renouvelant mes excuses pour ce retard, je vous prie d'agréer, Cher Monsieur, l'expression de mes sentiments dévoués.

---

7 Transport

☐ 7.1 Delivery terms

Because of the different interpretations of price and transport costs, the international trading community have developed a system of terms, called *Incoterms*. A full list is available from the International Chamber of Commerce. (See Section C 5.2 for the address.) The most common are:

Départ usine/A l'usine (Ex-works) The price is for the goods at the factory gate, specifying whether the cost of *emballage* (packing) is included. The *acheteur* (buyer) must pay for the delivery of the goods.

Franco transporteur (Free carrier – FRC) The price quoted covers all costs to a named point of loading on to a container.

Franco bord (Free on board – FOB) This price is all costs including packing of the goods loaded on to a ship.

Fret, port payés jusqu'à . . . (Delivered Cost Paid to – DCP) This is the price of the cost of the goods, packing and transport by container, excluding insurance.

Coût, assurance, fret – CAF (Cost, Insurance and Freight – CIF) This price is all the cost of the goods loaded on a ship plus freight and insurance to an agreed point of delivery in the buyer's country.

Coût et fret (Cost and Freight – C & F) As for CIF, but the insurance is paid for by the buyer.

Fret, port payés, assurance comprise, jusqu'à . . . (Freight, Carriage and Insurance paid to – CIP) This is the cost of goods, packing and insurance and cost of transport by container to a named destination.

Rendu droits acquittés (Delivery Duty Paid – DDP) This is the price for all costs of delivery including duty paid up to the buyer's address.

□ 7.2 Transport documents

The main methods of transport used in exporting are: containers; road haulage with ferry; conventional general cargo shipping; rail and air. With the growth of trade with Europe, road haulage is steadily overtaking shipping as the main method of transporting goods. Between 40 and 50% of UK exports now go by road and most sea freight is now containerized. When exporting to buyers within the European Economic Community, a special control system governs the documentation; *Le Régime de Transit Communautaire – TC* (Community Transit System – CT) reduces border formalities by using one transit procedure for the whole of the EEC.

A facture commerciale (commercial invoice) is a claim for payment. It should show a description of the goods with prices, weight, terms of payment as well as packing details. The commercial invoice can be used as a check-list to identify a consignment and for any assessment of customs duty.

The *connaissement maritime* (Bill of Lading – B/L) is still the most common transport document for exporting outside the EEC.

Lettres de voiture (CIM) (railway consignment notes) are used for international transport by rail.

Air transport is widely used for valuable or urgent goods. The document of transport used is a *Lettre de Transport Aérien – LTA* (Air waybill/Air consignment note).

Exporters using freight forwarders and carriers require a *manifeste cargo* (export cargo shipping instruction) to confirm telephone bookings made with them.

□ 7.3 Enquiries

7.3.1 Requesting a quotation

Veuillez nous indiquer quel est le taux du fret en vigueur pour transport
    par avion.
        maritime.
        train/rail.
        route.

Nous avons une commande pour l'envoi de (describe goods) de (name of place) à (destination) et aimerions une cotation à votre meilleur taux.

Pourriez-vous nous faire une cotation pour le transport des marchandises suivantes, de (place) à (destination).

Nous aimerions envoyer par avion (describe goods giving size and weight). Pourriez-vous nous faire une cotation pour les frais d'expédition et d'assurance.

Nous désirons expédier par bateau (describe goods), pesant (give weight) et mesurant (give measurements), de (name of place) à (destination). Pourriez-vous nous indiquer quels navires partent avant la fin du mois et nous coter vos taux de fret.

7.3.2 Replying to enquiries

Les taux du fret sont actuellement très élevés, car peu de navires sont disponibles. Le fret net s'élève à . . .

Nous pouvons envoyer votre chargement de (description of goods) par notre prochain vol pour (destination), avec départ le (date). Notre taux de fret par avion pour marchandises en caisses à claire-voie est de . . .

Nous pouvons expédier votre chargement par le (name of ship), qui chargera le (date), au taux suivant . . .

7.3.3 Describing packing

Tous les emballages sont doublés intérieurement d'un revêtement étanche et portent clairement la marque conventionnelle internationale fragile.
haut/bas.

Chaque article est enveloppé séparément dans un matériau souple en boîte individuelle et enfin emballé en cartons.

Les (goods) seront en ballots, recouverts de toile de jute et avec un cerclage métallique.

☐ 7.4 Instructions for transportation

7.4.1 Instructing a container/shipping company

Pourriez-vous enlever un chargement de (describe goods) et prendre toutes dispositions nécessaires pour une expédition par bateau sur (name and address of purchaser).

Nous vous confirmons notre conversation téléphonique de ce matin et vous demandons d'assurer l'empotage en conteneurs le (date) pour expédition à (address). Veuillez trouver ci-joint le bordereau d'expédition, dûment rempli, et le connaissement, ainsi que des exemplaires des factures commerciales, du certificat d'origine et de la licence d'importation.

Veuillez livrer les marchandises à l'entrepôt de notre transitaire.

7.4.2 Instructing an agent

Veuillez assurer les marchandises tous risques et débiter notre compte.

Pourriez-vous faire procéder à l'enlèvement de (goods) et la livraison à (address).

Veuillez nous informer dès que les marchandises arriveront et les garder dans votre entrepôt jusqu'à ce que nous vous contactions.

7.4.3 Requesting instructions

Veuillez nous indiquer quelles sont vos instructions d'expédition pour ce chargement.

Le chargement de (goods) est arrivé. Veuillez nous faire savoir par télex les mesures à prendre.

Nous avons mis en entrepôt le chargement de (goods) qui est arrivé le (date). Nous le gardons à votre disposition et aimerions recevoir vos instructions en ce qui le concerne.

☐ 7.5 Chartering a ship

For large consignments, importers may charter a ship for a particular voyage, an *affrètement au voyage* (voyage charter), or for a period of time, an *affrètement à temps* (time charter). Ship chartering is usually done through *transitaires* (forwarding agents) or *courtiers* (ship brokers). Most of the chartering is done by telex or cable and confirmed later by letter.

7.5.1 Requesting a charter

Pourriez-vous affréter un navire pour transporter une cargaison de (goods) de (place) à (place).

Veuillez prendre les dispositions nécessaires pour qu'un navire puisse transporter (describe goods, weight and size) au départ de (place).

Nous confirmons par la présente lettre notre cable de ce jour dans lequel nous vous avons demandé si vous pouviez trouver un navire que nous puissions affréter pour une période initiale de trois mois, pour expédier des (describe goods) de (place) à (place).

Nous aimerions affréter un navire pour un voyage de (place) à (place) pour transporter un chargement de (describe goods, size and weight). Veuillez nous faire savoir si vous pouvez nous obtenir un navire et à quelles conditions.

7.5.2 Replying to an enquiry about chartering a vessel

Suite à notre conversation téléphonique de ce jour, nous avons une option sur (name of vessel). Ce navire a une capacité de charge de (number) tonnes, qui est supérieure à vos besoins, mais les armateurs sont prêts à en offrir un affrètement partiel.

Les armateurs de (name of ship) ont coté (amount) par tonne, ce qui est un taux très compétitif.

Veuillez trouver ci-joint la liste de plusieurs navires disponibles. Nous nous ferons un plaisir de les inspecter dès que vous nous aurez fait part de votre choix.

Nous avons le plaisir de vous informer que nous vous avons obtenu le (name of ship). Veuillez confirmer l'affrètement par télex.

Suite à votre demande du (date), nous regrettons de ne pas être en mesure de vous trouver un navire du tonnage requis pour le (date). Nous avons cependant pris une option sur (name of ship) pour le (date). Les conditions sont de (amount) par tonne. Veuillez confirmer par télex le plus vite possible car les navires de cette capacité sont très demandés actuellement.

☐ 7.6 Insurance

To insure against loss or damage, the company should ask for quotes from different companies or obtain them through a *courtier* (broker). The company then completes a *demande de garantie* (proposal form). In return for the payment of a *prime* (premium), the insurer agrees to pay the insured a stated sum should any loss or damage occur. The premium is quoted as a percentage of the total value of the goods insured, so if the goods are insured at 0.25%, you have to pay 25 centimes for every Ffr 100 the goods are worth, insurance included. A *note de couverture* (cover note) is an agreement that the goods are insured until the *police* (policy) is prepared. Once the policy is ready, the client is *couvert* (indemnified), i.e. the client will be restored to his original position should there be any loss or damage.

7.6.1 Requesting a quotation

Nous désirons assurer le chargement suivant tous risques pour la somme de . . .

Pourriez-vous nous faire une cotation pour une police flottante de (amount) pour assurer tous risques nos expéditions régulières de (goods) de (place goods from) à (place goods going to).
Ou:

Veuillez nous coter votre taux pour une police flottante tous risques pour (amount) pour couvrir nos expéditions par bateau de (goods) de (place) à (place).

Nous avons besoin d'une couverture à partir du (date).

Prière de nous faire votre meilleure proposition.

7.6.2 Giving a quotation

Nous sommes prêts à assurer le chargement en référence au taux de . . .

Nous avons reçu des propositions de différentes compagnies et pouvons obtenir l'assurance requise au taux de . . .%.

Nous pouvons vous offrir le taux de . . . % pour une couverture globale de (amount).

Nous vous proposons une police tous risques d'un montant fixe, pour laquelle nous offrons une cotation de . . . %.

7.6.3 Instructing an insurance company/broker

Veuillez prévoir une couverture d'assurance selon les conditions cotées.

Nous avons reçu instruction d'accepter votre cotation de . . . % pour couvrir (describe goods). Veuillez prévoir la couverture nécessaire et nous envoyer la police au plus tôt.

Les conditions que vous nous indiquez, avec remise de 5% pour envois réguliers, nous conviennent. Notre premier envoi aura lieu le (date) et nous comptons recevoir la police dans les jours à venir.

Nous avons besoin d'une couverture immédiate pour (amount). Pourriez-vous nous envoyer la police dès qu'elle sera prête. Veuillez confirmer que le chargement est effectivement couvert dès maintenant.

Nous vous serions reconnaissants de prévoir une assurance d'un montant de . . . % supérieure à la facture.

7.6.4 Making an insurance claim

Un chargement de vêtements couverts par la police N° . . . a été volé durant le transport. Veuillez nous envoyer les formulaires de réclamation appropriés afin que nous puissions les remplir.

Notre chargement de (goods) est arrivé endommagé par l'eau de mer. Nous estimons que les dommages s'élèvent à (amount) et joignons des copies du rapport d'expertise fait à l'arrivée.

☐ 7.7 Reporting problems

7.7.1 Reporting non-arrival of goods

Nous n'avons pas encore reçu le chargement de (describe goods) qui aurait dû être envoyé le (date). Pourriez-vous traiter ce problème pour notre compte.

Nos clients nous font savoir que les marchandises correspondant au B/L N° 389587 ne sont pas arrivées à destination et aimeraient être informés des causes de ce retard.

Le (date), nous avons pris livraison de (goods). Cependant il manquait trois caisses. Pourriez-vous faire rechercher ces marchandises manquantes?

7.7.2 Reporting loss or damage

Nous avons pris hier livraison de notre commande N° . . . Bien que les caisses étaient apparemment intactes, nous avons découvert au déballage qu'un certain nombre de pièces étaient cassées. Vous en trouverez la liste ci-joint.

Pourriez-vous prendre les dispositions nécessaires au remplacement des articles suivants et à leur livraison, le plus vite possible.

Nous avons signalé les dégâts au transporteur et avons gardé l'emballage et le contenu en vue d'une inspection.

Nous avons le regret de vous informer que notre chargement de (goods) nous a été livré hier en mauvais état. Veuillez trouver ci-joint une liste détaillée des articles endommagés. En vue de votre demande d'indemnisation auprès du transporteur, nous serons heureux de vous fournir toute information complémentaire.

L'envoi de vêtements (commande N° . . .) est arrivé hier, et il est évident que les boîtes d'emballage ont été ouvertes et des articles retirés. La vente étant CAF, nous suggérons que vous en informiez vos transitaires pour obtenir un dédommagement. Nous estimons que la valeur des dégâts s'élève à (amount).

☐ 7.8 Sample correspondence

Telex informing a customer that their order is ready. They need to know the name of the customer's freight company so that they can arrange delivery.

ATTN M. PELE

OBJET: V/COMMANDE N° 1345/D

1 COMMANDE PRETE ATTENDONS INSTRUCTIONS PRIERE INDIQUER NOM TRANSPORTEUR
2 RELIQUAT DES ARTICLES ENVOYES PAR PAQUET POSTE

SALUTATIONS

ADAM PEARSON

Letter from supplier informing buyer that an order has been shipped:

Objet: Avis d'expédition
　　　　Votre commande n° 1345/D
Messieurs,

　　　Nous avons l'honneur de vous informer que nous avons procédé ce jour à l'expédition de la commande en référence conformément à vos instructions. Vous trouverez ci-joint copie des documents de cette expédition dont nous vous donnons le détail ci-dessous:

Votre commande n°:	PM/1345D
Notre facture n°:	860 123
Votre lettre de crédit n°:	IMP1/1657/A
Désignation:	Planches de surf et accessoires
Montant de la facture:	2 460 US $
Navire:	'ANNA MAERSK' Voyage n° 7694
Date d'expédition:	18 octobre 19—

　　　Nous vous en souhaitons bonne réception et vous prions de croire, Messieurs, à nos sentiments les plus dévoués.

A message faxed to inform a customer that there has been a change in the date of shipment of their order:

Objet: Expédition par MV Bravo Voyage n° 3481   le 17/07/19—

Messieurs,

Nous avons le regret de vous informer que, du fait d'une modification de la date d'appareillage prévue initialement, l'expédition citée en référence est retardée au 19 juillet par MV 'ARILD MAERSK' voyage n° 3879.

Nous vous présentons toutes nos excuses pour ce changement indépendant de notre volonté.

Recevez, Messieurs, l'assurance de nos sentiments dévoués.

---

8   Accounts and payment

☐ 8.1   Methods of payment

8.1.1   Banks in France

All banks in France act as both commercial and merchant banks. Like merchant banks in Britain they can offer facilities to large organizations and specialize in international trade dealing with shipping, insurance and foreign exchange. In addition, they can provide the same services for personal customers, offering them current accounts, deposit accounts, savings accounts and credit facilities. They have numerous branches throughout France. The main banks are: *Crédit Lyonnais*, *Société Générale*, *Banque Nationale de Paris*, *Crédit Commercial de France* and the *Banque Française du Commerce Extérieur (BFCE)*. Barclays Bank also ranks among the major institutions.

8.1.2   Methods of payment within France

Virement bancaire (Bank Giro Credit Transfer) involves making payments through a bank without having to send cheques by post; credit is transferred from the drawer's bank to the payee's bank.

A *traite bancaire certifiée*, also called *chèque de banque* (banker's draft) is drawn up by a bank in favour of a named payee in settlement of an amount owing, normally payable on demand. It is used for paying large sums of money when paying by ordinary cheque is not acceptable.

Enveloppe recommandée avec valeur déclarée (cash in registered envelope) Banknotes can be sent to a limited list of countries, but the maximum guaranteed for overseas destinations is Ffrs 180 and for France Ffrs 1220. Plain envelope to be supplied by sender. This method is not much used for transferring money. An *enveloppe chargée* is tied with string, wax sealed and used to send valuables. Envelope or box to be supplied by sender.

Envoi contre remboursement (cash on delivery) is a service of the Post Office. (See section C 1.4.3.)

A *chèque* (cheque) issued by a bank or post office (*chèque postal*). A cheque can only be paid into a customer's account as they are all automatically *barré* (crossed) and cannot be endorsed unless to a bank or savings bank. A cheque can also be *certifié* to guarantee payment up to that amount by the drawer's bank. Cheques are valid for one year. Savings banks (*Caisses d'Epargne Ecureuil* or *La Poste)* offer current account and cheque facilities.

Cartes de crédit (credit cards) are very much in use for purchasing goods or services either directly or through mail order, *Minitel* order or telephone. *Carte Bleue* (Visa) is the main network.

Prélèvement automatique (direct debit) is a system for people who have a bank account where the *créancier* (payee) is authorized to collect periodic payments from the account.

Chèques postaux (Post Office Giro cheques) These are valid for a year. They can also serve as postal orders when sending a remittance through the post. (See Section C.3.)

A *mandat lettre* (postal order) is issued by the Post Office. A fee is charged for the purchase of each order. They can be crossed to ensure that payment is made only through a bank. This method of payment is expensive and usually only used for sending small amounts.

A *virement automatique* (standing/banker's order) authorizes the bank to transfer a certain sum of money from the account periodically to pay a person or a business.

8.1.3   Methods of payment abroad

A *virement bancaire* (bank transfer) is a payment transferred from a home bank to an overseas one. The transfer can be sent by air mail, by telex or by SWIFT (Society for Worldwide Interbank Financial Telecommunication). Each standardized SWIFT message contains instructions or advice about a transfer, but there is no actual debiting or crediting involved. Not all banks have yet joined the Society.

A *lettre de change* or *billet à ordre* (bill of exchange) is commonly used for exports. The bill states that the buyer will pay the seller an amount within a fixed time. The bill can be sent by post or through a bank. A *lettre de change acceptée* (clean bill of exchange) is when the buyer accepts a bill and returns it to the seller. The seller can then send the bill to his bank which sends the bill on to a correspondent bank in the importer's country. This bank then presents the bill for payment on the due date. Normally the buyer has to accept the bill by signing it before the goods are sent. *Documents contre acceptation* (documents against acceptance) or *documents contre paiement* (documentary collection) means that the correspondent bank will release the documents of title only against acceptance or payment of the bill of exchange.

Cartes de crédit (See above.)

Crédits documentaires – crédoc (documentary credits) are issued by the buyer's bank giving information about the goods, the amount, the type of credit (revocable/irrevocable), how long the credit is available and any documents involved, eg insurance, shipping, etc. The letter of credit guarantees that the issuing bank will pay up to a specified amount by a certain time to the seller against presentation of an accepted bill supported by specified shipping documents.

Eurochèques can be issued by a French bank where you hold an account. They can be written in the currency of the country you want to send it to. A Eurocheque card can be used to withdraw local currency in the country you are visiting. A list of locations is available from your own bank. They can be cashed in banks and are accepted by shops, hotels, garages, etc in 39 European countries. Look for the red and blue EC symbol which shows that an establishment participates in the Eurocheque scheme. Eurocheques are not used to any great extent in France.

A *traite de banque internationale* (international banker's draft) is usually used when the buyer has an agreement or an account with the supplier's bank. The customer buys a cheque from the bank and sends it to the supplier.

A *mandat poste international* (international Giro) can be used whether or not the buyer or supplier has an account. The supplier receives a cheque by post in the currency of the country concerned.

□ 8.2 Payment

8.2.1 Instructing the bank

Veuillez débiter à notre compte la somme de (amount) et transférer l'équivalent en livres sterling à (name of bank) au profit de (name of company or person).

Veuillez envoyer la traite sur (name of company) et les documents ci-joints à (name of bank) et leur donner ordre de remettre les documents sur acceptation.

Nous joignons plusieurs documents dont les connaissements, la facture, la couverture d'assurance et le certificat d'origine pour remise à (name of company) contre paiement de (amount).

Vous recevrez prochainement une lettre de change de (amount) ainsi que les documents s'y rapportant de la part de (name of company). Veuillez accepter la traite et envoyer les documents en débitant notre compte.

Veuillez ouvrir un crédit documentaire irrévocable de (amount) au profit de (name of company). Vous trouverez ci-joint la demande d'ouverture dûment remplie.

Veuillez ouvrir un crédit irrévocable de (amount) au profit de (name of company), qui sera à leur disposition jusqu'à (date), payable contre documents se rapportant à l'expédition par bateau de (describe goods).

8.2.2 Informing the buyer

Nous avons envoyé comme convenu notre facture N° . . . pour la somme de (amount) ainsi que les documents, à votre banque (name of bank). Les documents vous seront remis contre acceptation.

Veuillez trouver ci-joint les traites en deux exemplaires pour paiement sur présentation des documents joints.

La traite a été établie pour paiement à 30 jours à vue et les documents vous seront remis contre acceptation.

Nous avons tiré une traite à vue qui sera envoyée à (name of bank) et vous sera présentée avec les documents contre paiement.

Nous vous remercions pour l'envoi des documents se rapportant à notre commande N° . . . Nous avons accepté la traite à vue et la banque devrait vous en aviser prochainement.

Nous avons donné les instructions nécessaires à notre banque pour qu'elle prépare une lettre de crédit de (amount) payable contre votre facture fictive N° . . . La somme vous sera créditée dès que (name of bank) aura reçu les documents.

Nous vous informons que votre commande N° . . . a été expédiée par le (name of ship) qui arrivera à (place) le (date). Les documents d'embarquement, y compris le connaissement, la police d'assurance, le certificat d'origine et la facture consulaire ont été transmis à (name of bank) et seront envoyés à votre banque qui vous en avisera.

La lettre de change N° . . . nous est revenue aujourd'hui de notre banque, portant la mention 'voir le tireur'. Comme elle venait à échéance il y a cinq jours, nous ne pouvons donc qu'en conclure que la banque a refusé de l'honorer. Nous la représenterons en banque le (date) en comptant qu'elle sera alors honorée.

Veuillez trouver ci-joint un chèque que vous avez tiré pour la somme de (amount) et qui nous a été renvoyé par notre banque portant la mention 'chiffres et lettres différents'. Pourriez-vous nous en faire parvenir un autre, dûment rectifié, à votre meilleure convenance.

8.2.3 Informing the supplier

From the buyer:

Nous avons donné à notre banque (name of bank) instruction d'ouvrir une lettre de crédit irrévocable de (amount) en votre faveur. Elle devrait couvrir les frais de transport et d'embarquement ainsi que les frais bancaires et être valable jusqu'au (date).

Nous avons chargé (name of bank) d'ouvrir une lettre de crédit irrévocable en votre faveur qui sera valable jusqu'au (date). La banque acceptera une traite à (number) jours du montant de votre facture.

From the bank:

Veuillez trouver ci-joint une copie des instructions que nous avons reçues hier de (name of bank) d'ouvrir une lettre de crédit irrévocable en votre faveur d'un montant de (amount) et valable jusqu'au (date). Dès que vous fournirez une preuve d'expédition, vous pourrez tirer sur nous à 60 jours.

Nous avons reçu instruction de (name of bank) d'ouvrir une lettre de crédit irrévocable en votre faveur qui sera valable jusqu'au (date). Nous vous autorisons à tirer une traite à (number) jours du montant de votre facture après chargement. Nous vous demanderons de produire les documents de la liste ci-jointe pour que nous acceptions votre traite, dont le montant devra inclure tous les frais.

8.2.4 Requesting payment

Veuillez trouver ci-joint notre facture d'un montant de . . .

ci-joint un relevé de votre compte.

notre relevé mensuel.

la facture fictive N° . . .

Pourriez-vous envoyer le règlement de la facture ci-jointe.

Les documents d'expédition seront remis contre acceptation de notre traite.

Comme convenu, nous joignons aux documents d'expédition notre traite à vue d'un montant de (amount) et les transmettons à notre banque.

8.2.5 Making payments

Veuillez trouver ci-joint notre traite bancaire de . . . comme paiement de la facture fictive N° . . .

En règlement de notre compte, nous joignons une traite . . .

En règlement de votre facture N° . . . nous joignons une traite d'une valeur de . . . au taux de change en vigueur.

Nous joignons votre lettre de change de . . .

Nous avons chargé (name of bank) de payer la somme de (amount) en règlement de . . .

Vous pouvez tirer à vue un montant équivalent à votre facture.

Veuillez trouver ci-joint votre lettre de change de (amount) que nous avons acceptée.

8.2.6 Requesting credit facilities

Du fait de nos relations de longue date, nous aimerions que vous envisagiez la possibilité de nous accorder un compte client qui nous permette un règlement mensuel.

Nous pensons vous passer d'importantes commandes dans un avenir proche et nous aimerions savoir quelles sont les facilités de crédit qu'offre votre société.

Etant donné que nous avons toujours par le passé réglé rapidement, pourriez-vous nous faire savoir si à l'avenir il nous serait possible de régler sur relevé trimestriel.

En raison de notre relation de longue date, nous aimerions pouvoir bénéficier d'un compte client. Nous pouvons bien sûr fournir les références nécessaires.

8.2.7 Taking up references

If you are buying from a company for the first time, it is usual to give the names of companies you have already bought from. These are called *références commerciales* (trade references) and are used to find out whether you pay promptly. The customer may also give his bank's name to use as a reference. Requests for references should be made in the following way:

1. Request general information about the future customer's standing:
   (Name of company) désire ouvrir un compte et nous a donné votre nom comme référence. Pourriez-vous nous fournir toute information sur la situation de cette maison.
2. Request their opinion on the firm's ability to pay within a stated limit:
   Bien que nous soyons certains de leur aptitude à régler, nous aimerions confirmation que leur situation financière garantit des règlements trimestriels à concurrence de (amount).
3. Say that the information will be treated as confidential:
   Nous vous assurons que toute information que vous nous fournirez sera traitée de façon confidentielle.
4. Enclose an International Reply Coupon as they are doing you a favour:
   Dans l'attente d'une réponse rapide, veuillez trouver ci-joint un coupon réponse international.

8.2.8 Replying positively about a firm's credit rating

Nous avons contacté (company's name) qui confirment qu'ils aimeraient que nous agissions comme recommandataires.

Cette société nous est bien connue.

       est un de nos clients réguliers depuis

       est établie ici depuis   (time).

       traite avec nous depuis

Ils ont toujours réglé rapidement et à échéance.

Nous n'hésiterions pas à leur accorder les facilités de crédit que vous avez mentionnées.

8.2.9 Replying negatively about a firm's credit rating

When a report is negative, you must take care not to mention the company's name in case of libel action:

En réponse à votre lettre du (date), nous ne saurions trop vous conseiller la prudence dans les transactions que vous ferez avec la société que vous mentionnez.

La société mentionnée dans votre lettre du (date) n'a pas toujours réglé à échéance. Qui plus est, les sommes engagées n'ont jamais été aussi élevées que celle que vous mentionnez dans votre lettre.

Always remind the enquirer that the information is confidential and that you take no responsibility for it:

Ces renseignements sont donnés à titre confidentiel et ne sauraient en aucune façon engager notre propre responsabilité.

8.2.10 Refusing credit facilities

Nous vous remercions de votre commande en date du (date). Comme le solde de votre compte s'élève à (amount), nous espérons que vous pourrez réduire ce montant avant que nous envisagions tout nouveau crédit sur d'autres fournitures.

Bien que nous soyons en relation depuis longtemps, nous regrettons de ne pouvoir vous accorder, de même qu' à aucun autre de nos clients, des facilités de crédit, du fait que nous travaillons avec des marges très réduites. J'espère que vous comprendrez notre point de vue et que nous continuerons à vous fournir des (goods).

8.2.11 Acknowledging payment

Notre banque nous a informés que votre lettre de crédit a été portée au crédit de notre compte.

Nous accusons réception de votre traite pour la facture No . . . Nous vous remercions de votre paiement rapide.

8.2.12 Querying invoices

En vérifiant votre facture No . . . nous nous sommes aperçus que nos chiffres ne concordent pas avec les vôtres.

Vous avez oublié de nous créditer d'une remise pourtant convenue sur la facture No . . .

Il semble que vous nous ayez facturé l'emballage que nous pensions pourtant inclus dans votre première proposition.

Les frais de livraison semblent plutôt élevés.

8.2.13 Making adjustments

Nous vous remercions d'attirer notre attention sur l'erreur qui s'est glissée dans notre facture du (date).

Veuillez trouver ci-joint notre facture rectifiée.

Bien qu'il soit exact que nous accordions une remise de . . .% sur de grosses quantités, nous regrettons cependant de ne pouvoir vous faire bénéficier de ce système, du fait que votre commande ne dépasse pas . . . unités.

Nous craignons qu'il y ait là un malentendu parce que nous avions précisé que notre tarif ne comprenait pas les frais d'emballage. Le montant apparaît en détail sur la facture.

8.2.14   Reminding

First reminder:

Nous aimerions attirer votre attention sur notre facture en date du (date). Comme nous n'avons pas encore reçu votre paiement, nous vous serions très reconnaissants de nous envoyer votre versement dès que possible. Dans le cas où vous auriez déjà versé le montant en question, veuillez ne pas tenir compte de ce rappel.

Nous vous avons envoyé le (date) la facture dont vous trouverez le double ci-joint. Comme notre banque n'a pas reçu d'avis de paiement, nous vous serions reconnaissants de prendre des dispositions pour solder ce compte.

Nous vous écrivons au sujet de votre compte impayé du (date). Comme le compte n'a pas encore été réglé, pourriez-vous nous faire parvenir votre règlement dès que possible.

Second reminder:

Veuillez trouver ci-joint un relevé de compte que vous avez chez nous. Nous avons la conviction que ce règlement a été oublié, mais comme il s'agit du deuxième rappel, nous insistons pour que ce paiement se fasse sous huitaine.

Nous tenons à vous rappeler que notre facture No . . . en date du (date) n'est pas encore réglée et nous vous demandons d'accorder toute votre attention à cette affaire urgente.

Nous regrettons de ne pas avoir reçu de réponse à notre correspondance du (date) qui vous rappelait que notre traite se rapportant à la facture No . . . n'a pas encore été acceptée. Nous exigeons le règlement de la somme due dans les plus brefs délais.

Nous vous avons écrit le (date) en vous réclamant le paiement de la facture No . . . Comme nous hésitons à confier l'affaire à nos avocats, nous vous accordons dix jours supplémentaires pour solder votre compte.

Final reminder:

Nous aurions pensé que votre compte de janvier aurait été réglé à présent. Nous vous avons envoyé un rappel et un double de votre relevé en février et en mars, vous demandant de bien vouloir régler le solde. A moins de recevoir votre règlement dans les huit jours, nous serons dans l'obligation de confier l'affaire au service du contentieux.

Nous vous avons écrit deux fois, le (date) et le (date) pour vous rappeler le montant impayé de notre facture No . . . qui a maintenant un retard de trois mois. Comme nous n'avons rien reçu de votre part, nous nous voyons contraints d'en réclamer le règlement par voie de droit, à moins que nous ne recevions le paiement sous huitaine.

8.2.15   Requesting time

Nous regrettons de n'avoir pu solder notre compte en retard. Malheureusement nous n'avons pas encore vendu le chargement à cause d'une nouvelle législation gouvernementale qui nous oblige à modifier notre usine de montage. Vous serait-il possible de nous accorder un délai de . . . pour solder ce compte?

Nous vous prions de nous excuser de ne pas avoir répondu à votre lettre du (date) qui nous demandait de bien vouloir régler notre compte en retard. Comme nous avons temporairement quelques difficultés financières, nous vous serions très reconnaissants de nous accorder . . . jours supplémentaires.

Je regrette d'avoir à vous informer que je suis dans l'impossibilité de payer la totalité de notre facture No. . . Je vous serais très reconnaissant de bien vouloir accepter de suite un acompte et je paierai le reliquat dans les . . . prochains mois.

8.2.16 Replying to a request for time

Nous avons été désolés d'apprendre vos difficultés actuelles. Etant donné les circonstances, nous sommes prêts à vous accorder . . . semaines supplémentaires pour régler ce compte.

Nous comprenons vos difficultés mais notre propre situation ne nous permet pas d'attendre votre paiement plus longtemps. En conséquence, nous avons donné des instructions nécessaires à nos avocats pour recouvrer ce montant par voie de droit. Cependant, si vous aviez des suggestions à nous faire, n'hésitez pas à vous mettre en rapport avec nous immédiatement.

☐ 8.3 Sample correspondence

A faxed message asking the buyer to open a Letter of Credit for their order and informing them when the goods will be shipped:

Objet: V/Commande S/C N° 464960

Monsieur,

Veuillez ouvrir dès que possible une L.C. pour la commande en référence, afin d'éviter tout délai d'expédition. Veuillez également nous aviser du no. de la L.C.

Les marchandises seront expédiées par le MV 'Luna Maersk' du 12 juin.

Veuillez confirmer par télécopie votre toute dernière commande N° S/C 484987 pour que nous puissions l'exécuter.

Veuillez agréer, Monsieur, l'expression de nos sentiments distingués.

Telex informing the supplier that a Letter of Credit has been arranged:

> ATTN M RIBOUD
>
> L.C. D'UN MONTANT DE 7.234,60 USD. ENVOYEE VIA LLOYDS
> BANK LONDRES A LLOYDS BANK TAIPEI, COMME
> PRECEDEMMENT. L.C. PORTANT LE NO IMP 2/4655/A.
>
> AMITIES
> IMPULSE LEISURE LTD

Letter telling a customer that his credit account has been closed:

> Monsieur,
>
> Notre Service comptable nous informe qu'il rencontre la plus grande
> difficulté à obtenir de vous le règlement de nos factures. Il semble
> que vous vous autorisiez plus de trois mois de crédit à compter de la
> date de facturation, alors que nos conditions stipulent clairement un
> paiement à 30 jours. Nous sommes donc au regret de vous informer
> que vos commandes ne seront dorénavant honorées que sur la base
> d'un paiement contre documents.
>
> Veuillez agréer, Monsieur, nos salutations distinguées.

9 Complaints and apologies

☐ 9.1 Making a complaint

Complaints should be statements of fact. Do not use emotive or abusive
language (see also Section A 3.5 on the correct tone of a business letter).

Strongly emotive words		Better to use
Nous sommes	choqués	*surpris*
	furieux	*inquiets*
	mécontents	*peu satisfaits*
C'est	un scandale	*très regrettable*
	honteux	*inadmissible*
	stupéfiant	*surprenant*

9.1.1 Saying what you are referring to

Je vous écris en me référant à . . .
Comme suite à . . .
Hier, nous avons reçu la commande No . . .

9.1.2 Stating the problem

C'est avec surprise que nous avons découvert que toute la commande n'avait pas
    été livrée.
On a découvert qu'il manquait des pièces.
J'ai constaté que la qualité du service n'était pas celle escomptée.
Nous n'avons pas encore reçu les marchandises.

9.1.3 Suggesting a solution

Nous vous serions très reconnaissants de nous envoyer une pièce de rechange au
    titre de la garantie.
Si vous pouviez déduire . . . de notre prochaine commande, nous pensons que
    ceci réglerait le problème.
Nous renverrons les marchandises dès que nous aurons de vos nouvelles.
Veuillez nous créditer du montant correspondant à la valeur des marchandises
    retournées.
Nous serions prêts à garder les marchandises si le prix en était fortement réduit.

9.1.4 Giving an explanation

Le retard dans la livraison des marchandises s'explique par le fait qu'elles
    avaient été envoyées à notre ancienne adresse.
Le décompte qu'on nous a envoyé est celui de M. T James alors que le nôtre est
    au nom de T W James.
L'étiquetage de l'envoi n'était pas conforme à nos instructions.
L'empaquetage de l'imprimante était insuffisant et le dispositif d'alimentation
    automatique semble faussé.

☐ 9.2 Replying to a complaint

9.2.1 Acknowledging the complaint

Nous avons bien reçu votre lettre du (date) nous précisant que . . .
Nous vous remercions de votre lettre du (date) nous informant que . . .
                                        nous précisant que . . .
Nous avons été désolés d'apprendre que. . .
J'ai été vraiment désolé d'apprendre par votre lettre du (date) les difficultés que
    vous avez eues avec . . . que vous avez achetées récemment chez nous.

9.2.2 Saying what action has been/is being taken

Nous avons commencé à prendre des renseignements pour découvrir la cause
                            faire une enquête
du problème.

Nous avons saisi les transitaires de l'affaire et nous vous informerons des résultats.

Nous avons fait une enquête pour rechercher l'origine du problème et nous avons ainsi découvert qu'il est dû à une erreur comptable.

Malheureusement nos emballeurs ignoraient les consignes spéciales données pour l'emballage de ces marchandises, mais nous avons pris des mesures pour empêcher qu'un tel malentendu ne se reproduise.

Nous avons demandé au Chef Steward de ce vol de faire un rapport détaillé sur cet incident.

J'ai fait le nécessaire pour que notre technicien d'entretien se mette en rapport avec vous le plus tôt possible, de sorte qu'il puisse venir inspecter les . . . Une fois que les marchandises auront été inspectées et qu'elles auront été jugées défectueuses, il se fera un plaisir de les remplacer.

9.2.3 Offering a solution

On a rectifié l'erreur sur notre ordinateur et ce problème ne se renouvellera pas.

Veuillez trouver ci-joint un avoir correspondant à la valeur des marchandises.

C'est le transporteur qui est tenu directement responsable de tout dégât qui survient en cours de transit et nous avons informé les transporteurs concernés par cette affaire.

Veuillez conserver la caisse ainsi que les articles abîmés pour qu'ils soient expertisés par notre représentant.

9.2.4 Apologizing

Nous sommes désolés si ce retard vous a causé des difficultés. Nous sommes persuadés que ce regrettable malentendu ne se répétera pas.

Nous sommes fournisseurs de porcelaine de haute qualité depuis plus de 15 ans et nous sommes confiants d'être en mesure d'offrir un excellent service. Nous espérons que cette difficulté ne vous découragera pas de nous confier vos ordres à l'avenir.

Nous vous prions d'accepter nos excuses pour les problèmes soulevés par cette erreur. Nous pouvons vous garantir que ce genre d'erreur est plutôt rare et qu'il est peu probable qu'elle se reproduise.

□ 9.3 Sample correspondence

A complaint:

Objet: N/Commande No 2235

Messieurs,

Nous venons de recevoir un lot de 400 porte-feuilles DUNE alors que nous avions commandé le modèle OASIS.

Il semble donc qu'il y ait eu un malentendu.

Nous allons vous renvoyer les marchandises pour qu'elles soient remplacées. Veuillez créditer notre compte des frais de transport supplémentaires ainsi encourus.

Veuillez agréer, Messieurs, l'expression de nos sentiments distingués.

A reply:

Objet: V/Commande No 2235

Cher Monsieur,

C'est avec regret que nous apprenons par votre lettre du 14 mars que nous avons expédié des marchandises non conformes à votre commande.

Si vous n'y voyez pas d'inconvénient, nous aimerions que vous gardiez les portefeuilles DUNE car notre agent M. Ross prendra directement contact avec vous pour venir les reprendre. Dans le cas où vous accepteriez de les garder, nous pourrions vous consentir un paiement à 45 jours net au lieu des 10 jours habituels.

Les portefeuilles OASIS ont été envoyés ce jour même par avion par la société Danzas.

Nous nous excusons du retard apporté dans la livraison et de ce fâcheux contre temps.

Veuillez agréer, Cher Monsieur, l'expression de nos sentiments dévoués.

---

10 Miscellaneous

☐ 10.1 Hospitality

10.1.1 Offering help and hospitality to a visitor

C'est avec plaisir que nous avons appris votre visite prévue pour le mois prochain. Nous sommes désolés que votre épouse ne puisse se joindre à vous et espérons que l'occasion se représentera pour elle dans un avenir proche.

Du fait qu'il s'agit de votre première visite ici, nous espérons que vous aurez un peu de temps à consacrer au tourisme. Nous nous ferons un plaisir de vous organiser un programme de visite.

Pourriez-vous nous confirmer la date précise dès que vous la connaîtrez pour que nous puissions effectuer les réservations d'hôtel nécessaires? Je me ferais un plaisir de vous chercher à l'aéroport pour vous conduire à votre hôtel.

Dans l'attente du plaisir de vous accueillir, . . .

10.1.2 Thanking for hospitality

Je vous adresse tous mes remerciements pour l'aide et l'hospitalité que vous m'avez réservées au cours de ma récente visite.

Mon séjour a été extrêmement profitable et je vous suis très reconnaissant d'avoir organisé toutes ces visites ainsi que des renseignements et des contacts que j'ai pu établir.

J'espère avoir l'occasion de vous rendre votre hospitalité dans un avenir proche.

10.1.3 Introducing a business associate

Nous avons le plaisir de recommander par la présente Monsieur (name) de la société (name of company) qui se rend à (place) et désire prendre contact avec des entreprises de (kind of business).

Nous vous avons déjà prévenu de sa visite dans notre courrier du . . . Nous vous serions reconnaissants de le présenter à quelques-uns de vos contacts dans ce domaine d'activité.

Ce faisant, vous nous obligeriez beaucoup et nous nous ferons un grand plaisir de vous rendre un service analogue le cas échéant.

10.1.4 Formal invitation

Written in the third person without salutation, complimentary close, etc.

A l'occasion du centenaire de la société (name of company)

le Président et les membres du conseil d'administration

prient
Monsieur et Madame (name)
de bien vouloir leur faire l'honneur d'assister au
dîner de gala
qui aura lieu au (place)
le (date) à (time).

Tenue de soirée   RSVP
Tél: (telephone
number)
poste (extension
number)

10.1.5 Reply to formal invitation

This will usually be handwritten on a business card.

Philippe NEDELEC

remercie le Président et les membres du conseil d'administration de
la société (name of company) de leur aimable invitation à laquelle il
se fera un plaisir de se rendre comme convenu le (date) à (time) / à
laquelle il ne pourra malheureusement se rendre du fait
d'engagements antérieurs impératifs.

10.1.6 Informal invitation

Mon épouse et moi-même recevons quelques amis à dîner le (date) et nous serions très heureux si vous pouviez être des nôtres pour cette soirée. Nous comptons sur vous et vous attendons avec impatience.

10.1.7 Informal invitation added to a letter

A l'issue de la réunion, nous aimerions vous inviter à vous joindre à nous pour aller au (name of concert, opera, play etc.) à (place). Nous avons des places pour la séance de (time) ce qui nous permettra de dîner avant d'y aller.

10.1.8 Reply to informal invitation

Je vous remercie beaucoup de votre aimable invitation et c'est avec plaisir que je me joindrai à vous le (date).

Je vous remercie beaucoup de votre gentille invitation. Malheureusement, il faut que je reparte sur (destination) immédiatement après la réunion. Peut-être aurons-nous le temps de nous voir plus longuement à l'occasion de ma prochaine visite.

☐ 10.2 Appointments

10.2.1 Making and confirming an appointment

J'ai l'intention de me rendre à (place) le mois prochain et je désirerais vous rencontrer pour discuter de (topic). Je vous téléphonerai dès mon arrivée pour fixer une heure de rendez-vous.

Je vous confirme le rendez-vous que nous avons pris lors de notre conversation téléphonique de ce matin. Je serai à vos bureaux le (date) à (time). Je me fais une joie de vous revoir et de régler les derniers détails du contrat.

10.2.2 Cancelling an appointment

Comme je vous l'ai annoncé ce matin au téléphone, je suis dans l'impossibilité de me rendre à notre rendez-vous du (date). Je dois en effet régler un problème urgent qui se pose à notre bureau de New York. Je vous renouvelle mes excuses pour la gêne que je vous cause et je reprendrai contact avec vous dès mon retour à Londres.

☐ 10.3 Bookings

10.3.1 Making/confirming a booking

Hotel:

J'ai l'honneur de vous confirmer ma réservation téléphonique de ce matin pour une chambre pour deux personnes du 14 au 16 mai au nom de (name). Vous trouverez ci-joint un Eurochèque d'un montant de (amount) à titre d'arrhes.

Votre hôtel m'a été recommandé par (name) qui est un de vos clients réguliers. Je désire retenir une chambre pour deux avec bain du 15 au 17 septembre inclus.

Pourriez-vous nous faire savoir si vous disposez de 12 chambres pour une personne du (date) au (date). Nous avons l'intention d'organiser notre séminaire annuel de recyclage et nous aurions également besoin d'une salle de réunion. Je vous serais reconnaissant de me confirmer cette réservation et de m'en indiquer les conditions dès que possible.

Mon épouse et moi-même désirons passer trois jours dans votre établissement à compter du (date). Pourriez-vous nous faire savoir si vous disposez d'une chambre double avec bain. Veuillez également m'indiquer le prix de cette prestation.

Travel:

Je désire me rendre par avion à (place) le (date) avec un retour le (date). S'il n'y a pas de place pour cette date, veuillez m'indiquer la date disponible la plus proche.

Veuillez me réserver une place sur le vol pour (place) de (name of airport) le (date) avec retour le (date).

Je vous confirme ma réservation téléphonique de ce matin pour un aller-retour Douvres-Ostende par car ferry au nom de (name) pour le (date). (Name) voyagera avec sa voiture, une (make of car), numéro d'immatriculation (registration number). Il confirmera de France la date de son retour.

Veuillez retenir une cabine en classe touriste pour (place) au nom de (name) pour la traversée du (date). Dans le cas où il n'y aurait pas de place disponible, veuillez me proposer d'autres possibilités.

Je compte me rendre pour affaires dans le nord de l'Espagne en mars prochain et je désire louer une voiture pour deux semaines environ. Pourriez-vous m'indiquer vos tarifs et si un break de petit modèle serait disponible du (date) au (date).

☐ 10.4 Letters of sympathy

10.4.1 To an associate who is ill

Nous avons tous été très désolés d'apprendre que vous avez été gravement malade.

Je n'ai appris que vous étiez malade que ce matin en appelant votre bureau. Je crois savoir que vous allez mieux maintenant et que vous avez bon espoir de reprendre le travail le mois prochain.

De la part de tous ici, nous sommes très soulagés d'apprendre que vous vous remettez aussi vite et nous vous adressons tous nos voeux de prompt rétablissement.

10.4.2 On the death of a business associate

C'est avec tristesse que nous avons appris la mort de (name). Cette nouvelle nous a tous bouleversés, surtout que nous l'avions vu si récemment en bonne santé.

Je sais que son absence sera profondément ressentie par votre personnel tout entier. L'intégrité et la bonne humeur dont elle faisait preuve dans ses rapports professionnels avec moi vont me manquer cruellement.

Je vous demande de transmettre nos plus sincères condoléances à son mari et à sa famille.

10.4.3 Acknowledgement of condolences

Je voudrais vous remercier de votre lettre de condoléances à l'occasion du décès de (name).

Les lettres que nous avons reçues nous ont été d'un grand réconfort. Tous ceux qui ont connu (name) ont tenu à exprimer leur affection et leur estime et ce témoignage nous a été d'un grand secours durant cette période difficile.

☐ 10.5 Congratulations

10.5.1 On a promotion

Je tiens à vous présenter mes félicitations les plus sincères à l'occasion de votre récente nomination au poste de (job title). Nous sommes heureux que la valeur de votre travail et votre esprit d'initiative aient été récompensés de cette façon. A notre connaissance, personne ne méritait cette promotion plus que vous.

Nous vous souhaitons un franc succès dans votre nouveau poste.

10.5.2 On the birth of a baby

Nous avons appris en téléphonant à votre bureau ce matin que vous êtes l'heureux père d'un (petit) garçon/une (petite) fille. Nous adressons à votre épouse et à vous-même toutes nos félicitations et vous prions d'accepter ce petit cadeau en témoignage de la joie que nous éprouvons pour vous.

☐ 10.6 Application for a job

Je désire poser ma candidature au poste de (job title) que vous avez publié dans le (name of newspaper/journal) du (date).

Depuis mes débuts dans le (area of work), j'ai toujours considéré que vos produits étaient de première qualité et je serais très heureux d'appartenir à votre société.

Vous trouverez ci-joint mon curriculum vitae. Je précise que je peux me libérer pour un entretien à votre convenance.

☐ 10.7 Sample correspondence

A letter confirming an appointment already made by phone:

Cher Monsieur,

Suite à mon appel téléphonique d'hier, je vous confirme notre rendez-vous du jeudi 30 janvier à 15h à vos bureaux.

Dans l'attente du plaisir de vous revoir, je vous prie de croire, Cher Monsieur, à l'expression de mes sentiments les meilleurs.

Claude LOMBARD

Telex message thanking a supplier for hospitality (see Section B 2.2, 2.3 and 2.5 for the wording of telexes):

A L'ATTENTION DE TOUT LE PERSONNEL DE PELLETIER

SUIS ARRIVE CE MATIN SANS ENCOMBRE APRES MES VACANCES IMPREVUES A HONGKONG. MERCI POUR VOTRE GENEREUSE HOSPITALITE QUI A RENDU MON SEJOUR SI MEMORABLE. MERCI ENCORE UNE FOIS

AMITIES

SVE CONSTABLE

Telex message arranging to meet a supplier:

ATTENTION M. CHANDON

MERCI V/TELEX. C'EST AVEC PLAISIR QUE JE VOUS REVERRAI A MUNICH. AU LIEU DE NOUS RENVOYER FRET PAR TNT SKYPAK, POUVEZ-VOUS L'APPORTER A MUNICH OU JE LE PRENDRAI. JE SERAI EN ALLEMAGNE A PARTIR DU 29 AOUT. PRIERE DONNER TELEPHONE V/HOTEL POUR QUE JE VOUS CONTACTE.

AVEZ-VOUS UN STAND A ISPO? SI OUI PRIERE DONNER NO ALLEE ET NO STAND POUR SE RENCONTRER.

SALUTATIONS

ADRIAN

Note: *TNT SKYPAK* is an air freight service.
ISPO is a trade fair.

Telex message advertising a seminar:

VOUS ETES INVITE A UN SEMINAIRE QUI AURA LIEU A LONDRES
SALONS CONNAUGHT LE 14 AVRIL. LE THEME DE LA JOURNEE
SERA (SUBJECT) ET LES CONFERENCIERS SERONT:

(NAMES)   (TITLES)

LE PROGRAMME DU SEMINAIRE EST LE SUIVANT:
12.30 POUR 13.00   DEJEUNER
14.00   DEBAT
16.00   CONCLUSIONS
17.30   FIN DE LA REUNION

TOUS LES DELEGUES SONT INVITES A ENVOYER DES QUESTIONS
PORTANT SUR LE THEME QUI SERONT EXAMINEES PAR LE SOUS-
COMITE AVANT D'ETRE SOUMISES AU PANEL PAR LE PRESIDENT.

FRAIS DE PARTICIPATION: 25 £ PAR PERSONNE.

VEUILLEZ CONTACTER: (NAME, ADDRESS AND PHONE NUMBER
OF ORIGINATOR)

SECTION B:
BUSINESS COMMUNICATION

1 The telephone

☐ 1.1 How to say numbers and figures

1.1.1 Telephone numbers

French telephone numbers are said in pairs from the left but each pair of numbers is expressed as a whole, rather than as individual figures as in English:

45 44 11 67 – quarante-cinq – quarante-quatre – onze – soixante-sept

Say 0 as *zéro:*

43 03 – quarante-trois – zéro trois

Note that identical pairs of figures are also expressed as a whole, eg:

44 – quarante-quatre (*not* double quatre).

If a telephone number has nine figures, leave a pause after the first figure:

(1) 45 42 36 95 – un – quarante-cinq – quarante-deux – trente-six – quatre-vingt-quinze.

There are no area codes as such, except for Paris. The first two figures indicate the *département* and are included in the number. Note that the telephone codes for *départements* do not correspond to postal codes.

To ring the Paris area: If already in Paris, leave out the (1).

If in the provinces, dial 16 – (wait for the tone) –1– and then the number.

To ring a provincial number: If in Paris, dial 16 – (wait for the tone) – then the eight digits of the number.

If phoning from anywhere else in France dial the eight digits only.

1.1.2 Other numbers

Check that you know how to say other numbers and measures:

¼	un quart	0,25	zéro virgule vingt-cinq
⅓	un tiers	0,33	zéro virgule trente-trois
½	un demi	0,5	zéro virgule cinq
⅔	deux tiers	0,66	zéro virgule soixante-six
¾	trois quarts	0,75	zéro virgule soixante–quinze
4⅓	quatre un tiers		
5½	cinq et demi		

Note: When three figures follow the comma, the number is still read as a whole, eg: *0,755 – sept cent cinquante-cinq.*

Decimals: For wavelengths *point* is used rather than *virgule*, eg *cent cinq point cinq* for 105.5 MHZ. Otherwise decimals are always written with a comma (although most calculators use a point). Numbers after the decimal point are not read separately as they are in English.

Fractions: All fractions except those given above use ordinal numbers:
¹⁄₁₆ un seizième
²⁄₁₀ deux dixièmes

Written	Spoken
100	cent/une centaine
101	cent un
165	cent soixante-cinq
180	cent quatre-vingt
190	cent quatre-vingt-dix
1000	mille
1005	mille cinq
1050	mille cinquante
1305	mille trois cent cinq
10 000	dix mille
10 001	dix mille un
10 312	dix mille trois cent douze
100 000	cent mille
1 000 000	un million
1 000 000 000	un milliard
1 000 000 000 000	mille milliards/un billion*

* This is often confused with the American billion (1,000,000,000).

1.1.3 Time

In business only the 24 hour clock is used as the old fashioned . . . *de l'après midi* or *du matin* takes longer to write. However, in conversation, people will refer to *cinq heures du matin / de l'après-midi / du soir*.
Midnight is *minuit* and noon *midi*.
Do not forget to check time differences when phoning. (See Section C 4.3).

1.1.4 Dates

Say the day first then the month:
11/12/1989 – onze décembre dix-neuf cent quatre-vingt-neuf
All days of the week are masculine and do not take a capital letter. The year can be read *mil neuf cent* or *dix-neuf cent* . . .

1.1.5 Letters

If it is necessary to spell names, a standard code for letters can be used. This code is useful for differentiating between often-confused letters such as M/N, B/D, B/V or E/I/A/B and for spelling unfamiliar or foreign words. Here are two examples of codes; the first is the French telephonist's alphabet and the second is used in the USA and for International Radio Telecommunications.

Letter	Phonemic	French	American/International
A	ɑ	Anatole	Alfa
B	be	Berthe	Bravo
C	se	Célestin	Charlie
D	de	Désiré	Delta
E	ə	Émile	Echo
F	ɛf	François	Foxtrot
G	ze	Gaston	Golf
H	aʃ	Henri	Hotel
I	i	Irma	India
J	zi	Joseph	Juliette
K	kɑ	Kléber	Kilo
L	ɛl	Louis	Lima
M	ɛm	Marcel	Mike
N	ɛn	Nicolas	November
O	o	Oscar	Oscar
P	pe	Pierre	Papa
Q	ky	Quintal	Quebec
R	ɛr	Raoul	Romeo
S	ɛs	Suzanne	Sierra
T	te	Thérèse	Tango
U	y	Ursule	Uniform
V	ve	Victor	Victor
W	dubləve	William	Whisky
X	iks	Xavier	X-Ray
Y	i grek	Yvonne	Yankee
Z	zɛd	Zoé	Zulu

☐ 1.2 Misunderstanding in spoken French

The French stress and intonation pattern is much simpler than the English one. The stress is always on the last syllable of the word or group of words.

la mai**son**

la grande maison blanche et **bleue**

Liaison does not occur between groups of words.

The voice rises for questions and uncompleted sentences or to show hesitation:

Vous étiez-là?

Errors can spring from mistakes in pronunciation such as the confusion between the French *u* and the English u. When dictating your address, *rue* pronounced *roux* would be taken down as *Route de* . . . Note that 'Yes, please' is *Oui, s'il vous plaît* in French. *Merci* follows *Non;* used alone, it means 'No, thank you'. *Plus* pronounced 'plousse' means more, but pronounced 'plu' means no more. Beware of French words used in English. In general, they do not mean the same thing eg, *entrepreneur* in French is a contractor, not *un homme d'entreprise*.

☐ 1.3 What to say on the phone

1.3.1 Asking to speak to a particular person

You hear:
Greeting:
(Company name), Bonjour!
(Bonsoir after 6pm)

Oui, c'est de la part de qui?
Pourriez-vous répéter, SVP?

Operator putting you through:
Ne quittez pas, je vous le passe.
Un instant SVP.
Ça sonne.

The person is not available:
Je suis désolé(e). Son/Le poste est
  occupé. Voulez-vous rester en ligne?

Voulez-vous rester en attente?
  Son poste est occupé.

Son poste ne répond pas. Ne
  quittez pas. J'essaie un autre poste.

You say:
Asking to speak to a particular person:
Bonjour/Bonsoir. Je voudrais parler
  à M. (first name).

(Give your name.)
J'aurais voulu parler à . . .
Pouvez-vous me passer le service
  de/du . . .
Passez-moi le (extension number) . . . SVP.

If you have the wrong number:
Excusez-moi, je me suis trompé
  de numéro.

Merci.

Oui, j'attends.

Merci, je rappellerai
  plus tard.

Est-ce que je peux laisser un message. Je
  suis (name) de la société (name of company). Pourriez-vous lui dire que . . .
Ecoutez, j'appelle de (place). Pourriez-
  vous lui demander de me rappeler
  quand elle sera libre. Elle connaît mon
  numéro.

Leaving a message:
Je suis désolé(e), M. (name) n'est pas
  dans son bureau pour le moment.
  Voulez-vous laisser un message ou
  est-ce qu'il faut qu'il vous rappelle?

Ce n'est pas grave. Je vais rappeler plus
  tard.

Pouvez-vous lui dire de me rappeler
  avant 15h cet après-midi? Je suis
  (name) de la société (name of company).

Je regrette, M. (name) est
  en congé   et je
    vacances
    déplacement
    réunion
  ne peux pas le déranger.
  Voulez-vous que je vous
  passe son adjoint?
      sa secrétaire?

Pourriez-vous me passer quelqu'un
  qui s'occupe du . . .

      quelqu'un du service?

Pourriez-vous lui dire que M. (name) de
  la société (name of company) a appelé
  et qu'il rappellera plus tard.

1.3.2 Calling Directory Enquiries

To call Directory Enquiries, dial 12 (see also section C.4.2). You will probably
then hear: *Veuillez patienter, les renseignements téléphoniques vont vous
répondre; le coût de la communication est de 3,68 francs. Si vous possédez
le Minitel, veuillez composer le 11. Les trois premières minutes sont gratuites . . .*
Note: *Minitel* is the electronic directory.
Once you are through the conversation should proceed something like this:

Operator	**Caller**
Renseignements, j'écoute?	Je cherche un numéro à Vannes, dans le Morbihan.
Oui. Le nom de l'abonné, SVP.	PALLU.
PALLOU?	Non, excusez-moi, PALLU avec U.
Un instant SVP . . . J'en ai trois, PALLU Georges, PALLU François et PALLU SA.	PALLU SA.
C'est le quatre-vingt-dix-sept, soixante-trois, onze, quarante-deux.	Merci.

1.3.3 Making a call

You want to introduce yourself:
Ici (name) de la société (name of company).
Je vous appelle de la part de (name of company).

You want to explain the purpose of your call:
Je vous appelle au sujet de . . .
C'est au sujet de . . .
J'appelle à propos de . . .
          au sujet de . . .
Pour gagner du temps, j'ai pensé que je devais vous passer un coup de fil.
                                                    appeler.
La société (name of company) m'a indiqué que vous pourriez peut-être
   m'aider à . . .

You can't hear:
Pardon?
Excusez-moi. Je n'ai pas compris (ce que vous venez de dire).
Je vous entends très mal. Pourriez-vous répéter?

You can't understand:
Je ne vous suis pas.
Je ne vous comprends pas très bien.
Excusez-moi, je n'ai pas compris.

You want to show you've understood:
Oui.
Je vois.
Je comprends.
Je vous suis.
Bien.
OK.

You want to make sure you're still connected:
Allo – vous êtes toujours là?
Vous m'entendez?

You want to say that you'll pass on a message:
Je ferai la commission.
Je lui passerai le message.
Je vais lui laisser un mot/un message sur son bureau.
Comptez sur moi. Je vais le prévenir que vous avez appelé.
                        lui dire
Je vais lui passer votre message.

You don't want to commit yourself:
Ecoutez, est-ce que je peux vous rappeler (à ce sujet)?

Je préfère consulter M. (name) avant de prendre une décision.
Je pense qu'il nous faudra davantage de renseignements/détails.

You want to get some information:
Est-ce que vous êtes bien la personne qui s'occupe de . . .
Pourriez-vous me passer quelqu'un qui s'occupe de . . .?
                                      du service . . .?
Pourriez-vous m'indiquer le nom de la personne qui s'occupe du marketing?
    . . . et à qui ai-je l'honneur, SVP? (said after a person has given you the
    information you want)
Excusez-moi de vous déranger, je cherche la liste des agents qui . . . Est-ce que
    vous pourriez m'aider?
Pouvez-vous m'envoyer votre catalogue, SVP?
Est-ce qu'il est possible d'avoir une gamme d'échantillons, SVP?

1.3.4 Appointments

A

Est-ce qu'on pourrait se voir?
                    fixer un
rendez-vous?

B

Très bonne idée
Volontiers surtout que je
    serai à Londres bientôt de
    toute façon.

Je pense qu'il faut qu'on se voit pour
    rediscuter de cela.

D'accord. Mais quand? Dites une
    date.

Etes-vous libre la semaine prochaine?
La semaine prochaine est-elle très
    chargée pour vous?
Est-ce que jeudi vous convient?

Jeudi ne me convient pas. Je suis pris
    ce jour-là.
Désolé, jeudi ce n'est pas possible,
    mais je suis libre vendredi.

Vendredi me convient parfaitement.
Disons vendredi, donc. A/Vers quelle
    heure?

Je suis pris toute la matinée. Pourriez-
    vous l'après-midi? Disons vers 2
    heures.

A vendredi, 2 heures donc, à votre
    bureau.

C'est cela, à vendredi.

You want to cancel an appointment:
Je suis désolé de ne pouvoir venir à notre rendez-vous. Un événement imprévu
   vient de se produire.
Je vais devoir annuler notre rendez-vous. Je ne peux plus venir à Londres avant
   le mois prochain.
Pourriez-vous dire à M. (name) que M. (name) est désolé d'avoir à annuler son
   rendez-vous du (date). Il va le recontacter dès que possible.

□ 1.4   Spoken French in other situations

1.4.1   At reception

Ah M. (name), M. (name) vous attend.
Bonjour/Bonsoir Monsieur/Madame.

Puis-je avoir votre nom?

Qui demandez-vous?
Vous avez un rendez-vous?

Je m'excuse   je n'ai pas compris votre nom.
Excusez-moi
Pouvez-vous me répéter votre nom, Monsieur?

Note: *Je m'excuse* is incorrect but widely used.

Asseyez-vous. M. Jones ne sera pas long.
                            arrive tout de suite.

Voulez-vous   un café? Un noir? Un crème? Avec ou sans sucre?
Puis-je vous offrir

Note: *Puis-je vous offrir à boire?* means you are being offered an alcoholic drink.
Puis-je vous offrir / Voulez-vous boire quelquechose? is more general.

1.4.2   Small talk

Votre vol s'est-il bien passé?

Avez-vous fait   une bonne traversée?
                      bon voyage?

Où est ce que vous   êtes logé?
                          logez?
Vous êtes content de votre hôtel?
Avez-vous réservé   un hôtel?
                         une chambre?
Voulez-vous que je vous réserve un hôtel?

C'est la première fois que vous venez ici . . .?

à . . .?

Est-ce que (place) vous plaît?

Vous avez un très bon restaurant chinois près de votre hôtel. On y mange
très bien.

Vous avez bien choisi votre moment – c'est la semaine du festival.

J'espère que vous aurez le temps de faire un peu de tourisme.

Il faut que vous vous débrouilliez pour faire un saut au . . .

aller dîner au (name of restaurant).

Introducing someone:

M. (name) Je voudrais vous présenter à M. (name)

Permettez-moi de vous présenter (name).

Je vous présente (name).

Reply: Comment allez-vous?

Je m'appelle (name).

Heureu(x)(se) de faire votre connaissance.

Enchanté(e)

Introducing yourself:

Je ne pense pas que nous nous soyons rencontrés auparavant. Je m'appelle Jean
Dupont.

Bonjour. Je suis Jean Dupont.

Reply: Bonjour. Comment allez-vous? Je m'appelle Anne Liger.

Je m'appelle Anne Liger. Ravie de faire votre connaissance.

Note: See Section C 2.6 for information on handshaking.

Invitations:

Est-ce que vous voulez venir déjeuner avec nous?

vous joindre à nous pour déjeuner?

Est-ce que cela vous plairait de venir dîner avec moi?

Accepting: Avec plaisir.

C'est très aimable à vous.

Declining: Ce serait avec plaisir, mais malheureusement

je ne peux pas.

je suis pris ce soir.

j'ai déjà un rendez-vous.

je ne suis pas libre.   Une autre fois peut-être.

Suggestions:

Si on allait déjeuner?

Voudriez-vous déjeuner maintenant?

Thanks:

Merci de votre aide.

Reply: Ce n'est rien.

C'était un plaisir.

Tout le plaisir était pour nous.

C'était vraiment délicieux.
            superbe.
            merveilleux.
Reply: Je suis heureux que cela vous ait fait plaisir.
                        plu.

Not understanding:
Pourriez-vous m'expliquer encore une fois, SVP?
Que veut dire exactement . . .
Je n'ai pas compris la partie à propos de . . .
Je ne vois pas très bien ce que vous voulez dire.
Je ne vous suis pas très bien.

Finishing a conversation:
Bon, eh bien, il faut que je parte.
Il faut que je m'en aille sinon je vais être en retard.
                                rater mon train.
Si vous voulez bien m'excuser, il faut que je parte.

Note: *bon* is equivalent to 'right', *eh bien* to 'well' or 'now then'.

2 Telex

☐ 2.1 Advantages of telex

In many companies, the telex has taken over from the letter as the main means of written correspondence and it is also preferred to the telephone in many cases. There are approximately 145,000 telex machines in use in France.

Advantages over a letter

It is cheaper than using a secretary's time to produce a perfect letter.
It is 'immediate' and provides a 24-hour service as the machine can receive messages even when unattended.
Any inaccuracies can be checked immediately with the sender.

Advantages over the telephone

Messages can be transmitted at any time irrespective of working hours or time zones.
Transmission times are shorter and cheaper than the equivalent telephone call.
Information can be misheard on the phone.
In some situations the sender may want to avoid personal contact, for example when there is bad news.
Time is not wasted while the caller is put through to the right person.
A telex is a legal document.

One advantage over both the above is that the automatic acknowledgement ('answer back') from the other end is a guarantee of receipt.

☐ 2.2 Telexese – or how to write telexes

Telexes can be written in full with no omissions or abbreviations. More commonly they follow the pattern used in sending cables.
Shorten the messages by leaving out the unimportant words. These are the words which are unnecessary to the meaning. For example, the following message:

A L'ATTENTION DE M. LETEURTRE

OBJET: NOTRE RENDEZ-VOUS DU 23 MARS 1988 A 10H DU MATIN DANS VOS BUREAUX A PARIS.
MESSIEURS, NOUS AVONS LE PLAISIR DE CONFIRMER . . .

could become . . .

ATTN. M. LETEURTRE

OBJET: N/RENDEZVOUS 23/03/88 V/BUREAUX PARIS 10H00 CONFIRMONS . . .

However, when using a telex to advertise for something, it is better to write in full. Paragraphs should be short with double line spaces between them, otherwise the layout is difficult to read. Write out figures in full rather than using symbols. This is particularly important with figures that are written differently in France and the UK, eg the decimal point is written as a full stop in the UK – 0.75, and as a comma in other European countries – 0,75.
Often important figures are repeated in words. For example:

PRIERE VENDRE 2000 (DEUX MILLE) PIECES AU PRIX UNITAIRE DE US\$ 23,45 (VINGTTROIS DOLLARS QUARANTECINQ CENTS)

☐ 2.3 Abbreviations used in telexes

Use abbreviations only when they will be understood by the receiver.

Type 1 Standard abbreviations:

ATTN	attention
CF	confer (see)
CIE	compagnie (company)
ETS	établissements (establishments)
HT	hors taxe (exclusive of tax)
N/ . . .	notre/nos (our)
PAX	passagers (passengers)
PS	post scriptum

PV	procès-verbal (report)
RDV	rendez-vous (appointment)
REF	référence
SVP	s'il vous plaît (please)
TLX	télex
TTC	toutes taxes comprises (all taxes included)
TVA	Taxe sur la Valeur Ajoutée (VAT)
V/ . . .	votre/vos (your)

Type 2   Commercial abbreviations:
Examples (See also **Abbreviations, page 218**):

BL	Bill of Lading (connaissement)
CREDOC	Crédit Documentaire (documentary credit)
LC	Lettre de Crédit (letter of credit)

Type 3   Internationally recognized telex abbreviations:

ABS	Abonné absent / Installation fermée (Absent subscriber, office closed)
BK	Je coupe (I cut off)
CFM	Confirmez SVP / Je confirme (Please confirm / I confirm)
COLL	Collationnement SVP / Je collationne (Collation please / I collate)
CRV	Recevez-vous bien? / Je reçois bien (Do you receive well? / I receive well)
DER	Dérangé (Out of order)
DF	Vous êtes en relation avec l'abonné demandé (You are in communication with the called subscriber)
EEE	Erreur (Error)
FIN	Fin de message (I have finished my message)
GA	Transmettez SVP / Puis-je transmettre? (You may transmit / May I transmit?)
INF	Abonné temporairement inaccessible: appeler le service des renseignements (Subscriber temporarily unobtainable. Call the Enquiry Service).
MNS	Minutes
MOM	Attendez (Wait / Waiting)
MUT	Mutilé (Mutilated)
NA	La correspondance pour cet abonné n'est pas admise (Correspondence to this subscriber not admitted)
NC	Pas de circuits disponibles (No circuits)
NCH	Numéro d'abonné modifié (Subscriber's number has been changed)
NP	Le demandé n'est pas ou n'est plus abonné (The called party is not or is no longer a subscriber)
NR	Indiquez votre numéro d'appel / Mon numéro d'appel est . . . (Indicate your call number / My call number is . . .)
OCC	L'abonné est occupé (Subscriber engaged)
OK	Accord / Etes-vous d'accord? (Agreed / Do you agree?)

P or O	Arrêtez de transmettre (Stop your transmission)
PPR	Papier (Paper)
R	Reçu (Received)
RAP	Je vais vous rappeler (I shall call you back)
RPT	Répétez SVP / Je répète (Repeat / I repeat)
SVP	S'il vous plaît (Please)
TAX	Quel est le prix? / Le prix est de . . . (What is the charge? / The charge is . . .)
TEST MSG	Prière d'envoyer un message d'essai (Please send a test message)
THRU	Vous êtes en relation avec un poste télex (You are in communication with a telex position)
TPR	Téléimprimeur (Teleprinter)
W	Mots (Words)
WRU	Qui est là? (Who is there?)
XXXXX	Erreur

Corrections are made by typing five Xs:
CONFIRM ABAXXXXX AVAILABILITY.

Type 4	Abbreviations invented by some telex users:
ETA	expected time of arrival
ETD	expected time of departure
OK	d'accord/accord (agree)
POSS	possible
TRIM	trimestre (quarter)

Many abbreviations used in cables are also used in telexes:
PRIERE DE . . . (Please)
DEMANDONS . . . (Request)
SUGGERONS . . . (Suggest)
EXIGEONS . . . (Insist)
STOP . . .

☐ 2.4 Telex services

2.4.1 France Télécom

For companies or individuals who do not have access to a private telex machine, there is a telex service run by *France Télécom*. (See Section C 4.1) Messages can be dictated over the phone or sent in by *Minitel*.

For multi-address telex messages, distribution lists and mailshots by telex for those companies who do not wish to occupy their own telex machines, dial 14 and ask for *Service Commercial Affaires-Télex*.

☐ 2.5 Sample telexes

Confirming a hotel reservation:

> CONFIRMONS LA RESERVATION D'UNE CHAMBRE A UN LIT POUR
> LA NUIT DU 11 AOUT AU NOM DE M. PETER NIELD. M. NIELD
> REGLERA SON COMPTE AVANT SON DEPART.

Agent arranging a meeting between customer and supplier:

> A L'ATTENTION DE MONSIEUR MANCINI BOITE 123.
> AVONS UN CLIENT QUI DESIRE VOUS RENCONTRER LE 22
> OCTOBRE. SEREZ-VOUS AU R. UNI ET POURREZ-VOUS
> APPORTER LE DEBITMETRE CPV? URGENT-VEUILLEZ REPONDRE
> PAR TELEX 297661 BTIEQ G EN PRECISANT LE TELEPHONE O1–
> 123 2345.
> SINCERES AMITIES,
> GERALD

Giving a quotation:

> A L'ATTENTION DE M. POTEVIN
> REF. TARIFS POUR LES MODELES 123 ET 456 – CHAUSSURES
> DE TOILE
> MODELE 123
>
> | POINTURES | 36/37 | 2.10 – £.GB. |
> |-----------|-------|--------------|
> | POINTURES | 38/45 | 2.20 – £.GB. |
>
> MODELE 456
>
> | POINTURES | 36/37 | 2.13 – £.GB. |
> |-----------|-------|--------------|
> | POINTURES | 38/45 | 2.22 – £.GB. |
>
> PAS D'ESCOMPTE SUR FACTURE. PRIX FAB OPORTO. EMBALLAGE
> SOUS SAC PLASTIQUE – 20/25 PAIRES PAR CARTON. LETTRE DE
> CREDIT CONFIRMEE ET IRREVOCABLE.
> MCI
> AMITIES
> BERE

Asking for information about a product:

NOTRE REFERENCE 1027 87–09–17 13:36

15/9/87
ATTENTION M. HOMPEL
VOTRE TELEX T242DT3/9
1 FOURNIR DES ECHANTILLONS
2 PRECISER DUREE VALIDITE OFFRE DE PRIX
3 DETAILS TECHNIQUES A PRECISER: DIAMETRE ET LARGEUR
BOBINE; DIAMETRE AXE.
4 EST-CE D'ORIGINE SUD-AMERICAINE?

AMITIES,
MALCOLM.

Request for an acknowledgement of payment to be translated and sent to a customer by a Telex Bureau:

VEUILLEZ TRADUIRE LE TEXTE FRANCAIS SUIVANT EN ANGLAIS
ET LE RETRANSMETTRE EN GRANDE-BRETAGNE TLX NR 12345
ABCD E. MERCI.

A L'ATTENTION DE ANDREW
NOUS ACCUSONS RECEPTION DE VOTRE CHEQUE EN
REGLEMENT DE LA FACTURE NO. 64/8.
SALUTATIONS
POIRIER FRERES, BORDEAUX.

Informing about progress of negotiations for a loan:

A L'ATTENTION DE M. DUBREUIL
NOUS NOUS SOMMES ENTRETENUS AVEC PRETEURS QUI SONT
PRETS A NEGOCIER A CONDITION QUE LES EMPRUNTEURS
VIENNENT MUNIS DES DOCUMENTS NECESSAIRES Y COMPRIS
LA LETTRE DE CREDIT DE PRIME BANK. ESPERONS RECEVOIR
TELEX VENDREDI EN DEBUT DE MATINEE ET VOUS ACCUSERONS
RECEPTION IMMEDIATEMENT.
AMITIES
JOHN

3   International telegrams and telemessages

☐ 3.1   International telegrams

Telegrams (or cables) may be sent overseas by dialling 3655 and answering the operator's questions. The charge will be debited to the caller's account.
International telegrams are charged for every word. Users cut down the number of words by:
a) using the abbreviations described in the section on Telex (Section B 2.3).
b) writing compound words as one word, eg VINGTQUATRE, POURCENT.
However, artificial clusters of words are forbidden eg CESOIR or PLUVITE.
Codes are accepted but should be composed of normal words ordered in a way that does not usually carry any meaning.
As with telexes it is better to use internationally recognized abbreviations or codes. Large hotels and journalists sending reports are among those who use a special code. The following are examples of this code:

Please book one single room	ALBA
Please book one room with two single beds	ARAB
Arriving Monday morning	POCUN
Arriving this afternoon	POWYS

☐ 3.2   Telemessages

Teletex is a service of *France Télécom* that can transmit a page in ten seconds from an electronic typewriter, a PC or a word processor. It is also available in main post offices. The service is linked to the network used in the UK as well as to telex subscribers throughout the world.
To send a telemessage, dial 3655 and ask for *télégrammes téléphonés*. The operator will take your message and bill it to the subscriber's telephone account. For telemessages to Britain, the cost is Ffrs 67.50 for 15 words including address, Ffrs 22.50 for every 5 words thereafter. In Paris, dial (1) 42 33 21 11 to dictate your telemessage in *English*.

You can send a telemessage to several addresses or ask for special greeting telemessages for occasions such as births, weddings, etc.

Messages will be delivered to the addressee or transmitted by telephone on receipt, then delivered by normal post the following day.

To send a message to someone on board a ship, ring the *Navires en Mer* (Shore to Ship) service on 05 19 20 21 and dictate your telegram to the operator.

SECTION C:
BUSINESS AND CULTURAL BRIEFING ON FRANCE

1   General information

France is the largest country in Europe with an area of 550,000 km² (213,000 square miles) against the UK's 224,000 km², covering a third of the EEC. The climate ranges from Alpine to Mediterranean. Eleven of its twenty-two regions have a coastline.

☐ 1.1   Population

The population of France is 55.3 million, and should reach not more than 58 million by the year 2000.

75% of people live in urban areas of more than 2,000 inhabitants. The recent trend however has been towards the stagnation of urban growth, especially in the North.

Only three cities are above the million inhabitant mark:

Paris	8.7 million
Lyons	1.2 million
Marseilles	1.11 million

43% of the total population live in the 57 towns of more than 100,000 inhabitants. In spite of this shift towards the towns, France remains the most agricultural country in Europe (urban areas make up only 1.5% of the country). 4.47 million people (8.2% of the total population) are immigrants, of whom 61% are manual workers. The main communities are Portuguese, Algerians, Moroccans, Italians and Spanish.

☐ 1.2   Administrative sub-divisions within France

France is divided into the following administrative districts:

régions	22 (plus DOM/TOM territories)*
départements	95 (plus 5 DOM)
arrondissements	326
cantons	3827
communes	36527

*Note: DOM/TOM stands for *département/territoire français d'outre mer* (French overseas department/territory).

Each *région* is made up of two to four *départements* run by a *Conseil Régional* which is chaired by a *Président du Conseil Régional*. Much of the power in local affairs has been passed down from the state to the *région*. Each *département* is run by a *Conseil Général* elected by the *cantons*. The smallest administrative sub-division is the *commune* which is administered by a municipal council. The *maire* (mayor) is elected from among the members of the council in turn. He has the executive role and is helped by several *adjoints* (deputies) who act in his name in specific areas.

Recent decentralization has given greater power to the *région* and *département* level. The *Président du Conseil Régional* will often be the *maire* and political leader of the major town.

☐ 1.3 Transport

1.3.1 SNCF (French railways)

Exceptionally efficient services radiate from Paris to the main destinations. Regional services are much less frequent. Trains keep strictly to time-table and when planning connections one should not expect late departure or arrival.

The *TGV (Train à Grande Vitesse)* network is spreading across France and gives rail travel the advantage over air for short or medium distances; eg Paris-Lyons (over 460 km) takes 2 hours. Tickets can be purchased at station price from any travel agent through an on-line link with the central *SNCF* computer. Visa is taken in all major stations. On *TGV* trains, all seats are reserved but last minute reservations can be made on the platform computer vending machines. All tickets have to be date-stamped in the automatic stamping machines (orange pillars) at the platform entrance. Ticket inspection on board the trains is very strict and failure to stamp a ticket in advance will almost automatically lead to a heavy fine. Paris *Métro* tickets can be purchased when buying other tickets in any major provincial station.

Each Paris station serves a particular part of the country, as follows:
Gare du Nord: North (and Northern Europe)
Gare de l'Est: East
Gare de Lyon: South/South East
Gare d'Austerlitz: South/South West
Gare Montparnasse: West
Gare St Lazare: North West
Métro and bus shuttles operate between all stations. Allow at least one hour for this service.

Most trains (*Corail, Express, TGV*) will have a bar where light snacks can be bought; major trains also have a restaurant. Compartments are rare as the open carriage system has spread. Seats are reclining and have folding arm rests. A writing table folds out from the back of the seat in front. Smoking and non-smoking carriages are clearly marked.

French railways operate a two class system. First class is of a high standard with larger seats for passengers. Carriages are marked 1 and have a yellow band above the windows.

Restaurant cars are available in First Class and on *TGV* trains. Passengers can choose from *restauration à la place* (meals served in the passenger carriages), *gril-express* (grill) and *libre service* (self-service cafeteria). Bars serving light snacks are also available.

Train autos accompagnés (Motorail) provides an overnight journey, with the car (or motorbike) travelling on the same train as the passengers. This is very convenient for long journeys across France (eg Boulogne, Calais, Paris to South-East and South-West France, Milan, Madrid and Lisbon).

Train + auto is a car hire system. Enquiries can be made at any station or contact: Bureau Central de réservation, 133 bis, Avenue de Clichy, 75017 PARIS, Tel: (1) 45 05 05 11.

There is also a *Train + vélo* system, where bicycles are for hire at one's destination.

Renseignements/horaires (information/timetables) relating to main destinations can be obtained from all stations. Timetable booklets are free.

Rail passes, *Cartes France Vacances,* are available from the Gare du Nord, Gare de Lyon, Gare St. Lazare and the *Bureau SNCF* in Roissy and Orly.

Bookings and train information can also be obtained on *Minitel* 3615 (Code *SNCF)* or telephone Paris (1) 42 61 50 50.

Particulars of all rail services can also be obtained before leaving the UK from French Railways Ltd, 179, Piccadilly, London W1V 0BA, Tel: London (01) 409 1224.

1.3.2 Coach services

As a result of the *SNCF* strategy of concentrating on the mainline network, most local links will be by coach. A through ticket will sometimes include the *Autocar SNCF* fare to the final destination. Coach departures will then correspond to train arrivals. The *gare routière* (coach station) is very often close to, if not within, the railway station. However, coaches are slow as they take very round-about routes in order to stop at even the smallest village.

The level of private car ownership and the distances to be covered in a fairly large country, added to the efficiency (and cheap fares) of the rail services, limit the market for coach services to school age children and old age pensioners. The quality of the service reflects this state of affairs.

Fast services to the UK and Northern and Southern Europe are available from Paris and main cities. The main Paris coach station is Gare Internationale de la Villette, 7, Avenue Porte de la Villette, 75019 Paris. The nearest *Métro* station is Porte de la Villette.

1.3.3 Transport in Paris

Paris has an efficient transport network which differs from the British system in one important respect: fares bear no relation to distances actually covered, especially in the central area.

The *Métro* (underground) is the best mode of travel for covering any distance within Paris. There is a single fare wherever the destination. Tickets should be bought in a *carnet* of ten from a ticket office or vending machine. Maps and brochures in English are available from most major stations. *Cartes oranges* (Tourist runabout tickets) are also available and are valid for *Autobus RATP* as well. There are two classes of ticket, but during the rush hours this distinction does not apply and you may board a First Class carriage with a Second Class ticket.

RER (Réseau Express Régional) is an impressive network of fast commuter trains that links up with the *Métro*. Fares are commensurate with the distance covered, but still very reasonable. The lines are shown on the *Métro* map. This is the fastest way of commuting to and from the suburbs.

Autobus RATP is a complex bus network which is greatly affected by the traffic congestion in the city. It is however the only way to get to places between *Métro* stations or away from *RER* lines. Routes are divided into *sections*. Note that one *Métro* ticket will buy you one *section*. You should date stamp as many sections as required. Maps on board the buses show the extent of each section.

Trains de banlieue SNCF run from mainline stations and cater for the commuter traffic to and from the suburbs. They can be a good option if you arrive in Paris at a mainline station.

Taxis can be hailed or found at the nearest taxi rank. They are not easy to spot at a distance as they are standard cars. *Libre* means 'For Hire'. Fares are paid according to a meter; a minimum payable fare is shown on the meter, and you should expect to pay a surcharge for luggage, night service or airport trips. You can ask for a receipt for your travel expense account. Some taxis accept *Visa* cards (shown on the windscreen).

Voitures de Petite Remise (PR), are run on the same basis as the London minicabs. You must book by phone as they cannot be hailed in the street. You will find the number in the directory.

Accueil de Paris (Tourist Information) is located at 7, rue de Balzac, 75008 PARIS Tel: (1) 43 59 52 78.

Bureau National de Renseignements de Tourisme is at 127, Avenue des Champs Elysées, 75008 PARIS Tel: (1) 42 25 12 80.

1.3.4 Roads in France

There is an expanding network of motorways radiating from Paris. A toll is payable on most routes: this can become costly as the price per km is high.

Credit cards are accepted, but it is wiser to have the necessary change ready before going onto the motorway.

Most motorways are two-lane (plus an emergency lane), which can make it rather congested on major routes especially when traffic is particularly heavy (weekends, Bank Holidays, 1st July and 15th August).

Petrol is markedly more expensive on motorways (20 to 50 centimes per litre), but non-motorway filling stations are rarely open outside normal business hours (except in large towns) and automatic stations are not widespread.

Nearly all stations take credit cards without charge but require a minimum purchase (usually Ffrs 100). Liquid petroleum gas is not widely available, but a guide to all stations selling it is provided in every station which does.

Hypermarkets outside towns usually have a filling station where petrol is sold as a loss leader and substantial savings are possible. They also have a cafeteria which compares favourably with motorway catering.

1.3.5 Air travel

Domestic air travel is fairly well-developed between the 30 major towns in France. The main company is *Air Inter*, with *TAT* and *Britair* running minor or province-to-province routes. Telephone numbers of companies offering domestic flights are as follows:

AIR FRANCE	(1) 45 35 61 61
AIR INTER	(1) 45 39 25 25
TAT	(1) 46 87 35 53
BRITAIR	98 62 10 22

For international flights, *British Airways, British Caledonian, Dan-Air, British Midland, British Air Ferries* and *Air UK* all run regular services to the main cities in France. See the UK Yellow Pages for addresses and telephone numbers.

Air Inter runs a *Minitel* information service on 3615 AIRINTER. For other information on any flight from any airport in the world, together with data on over 166 countries and on air cargo, call *Minitel* 3615 AIRTEL.

Paris has two main airports, Orly and Charles de Gaulle (Roissy). These can be reached from the centre of the capital using various transport links, as follows:

Orly
Air France buses from Invalides, Montparnasse and Denfert Rochereau every 12 minutes from 0550 to 2300. You should count on the journey taking 35 to 45 minutes. By far the best option, except during rush hours. Price Ffrs 27 (1987).

Orly Rail (train + bus) from Gare Austerlitz and all *RER* stations on line C. Journey time is 40 minutes and trains run from 0530 to 2305. This is not the most comfortable means of transport and as with most forms of commuter travel, trains are packed during the rush hours and almost deserted at other times.

Orly bus (*City buses RATP*) from Denfert Rochereau. Journey time is 20 minutes and buses run from 0630 to 2330. This is a cheap service but may be slow during rush hours.

Charles de Gaulle (Roissy)
Air France buses from Porte Maillot. Journey time is 35 minutes and buses run every twelve minutes from 0545 to 2300.

Roissy Rail (*RER* + bus) from any station on line B of the *RER* network. Journey time is 30 minutes. This is the best option for this airport.

A shuttle service operates between Orly and Roissy. *Air France* buses run every 20 minutes. The journey lasts 50 minutes.

1.3.6   Ferry/Hovercraft services

The following shows the main routes and crossing times for car ferries:

Dover–Calais	35 minutes (hovercraft)
Dover–Boulogne	35 minutes (hovercraft)
Dover–Calais	75–90 minutes
Dover–Ostend	90 minutes (jetfoil)
Folkestone–Boulogne	1 hr 45 min
Dover–Boulogne	1 hr 45 min
Ramsgate–Dunkirk	2 hr 35 min
Dover–Ostend	3 hr 45 min
Dover–Zeebrugge	4 hr
Weymouth–Cherbourg	4 hr
Newhaven–Dieppe	4 hr 15 min
Poole–Cherbourg	4 hr 30 min
Portsmouth–Cherbourg	4 hr 45 min
Felixstowe–Zeebrugge	5 hr 15 min
Portsmouth–Caen	5 hr 30 min
Portsmouth–Le Havre	5 hr 45 min
Plymouth–Roscoff	6 hr

Other terminals served include: St Malo, Vlissingen, Santander, Rotterdam, Hamburg and the Scandinavian ports.

Trains to and from many major French towns, including Paris, connect with some Boulogne and Calais cross-channel services. For further details, contact any British Rail Travel Centre or British Rail Continental Enquiries, Tel: London (01) 834 2345. Alternatively, French Railways Ltd., 179, Piccadilly, London W1V 0BA, Tel: (01) 409 1224 can provide all the necessary information.

☐ 1.4 Hours of business

1.4.1 Shops

Most shops are open from 9am to 6 or 7pm and close between 12 and 2pm for lunch. Hypermarkets open six days a week from 8.30–9am to 9 or 10pm. There are no early closing days, but on Mondays some shops are closed, usually in the morning. There is late night shopping (until 10pm) on particular days of the week in many places and on every night in Paris shopping precincts (Velizy, Parly 2, etc.) and hypermarket shopping arcades.

There is no restriction on café opening (usually from 7am to 1am) but most cafés opening hours are designed to suit their patrons, hence the difficulty in finding a place open outside office hours in some office areas.

Officially the lower age limit for drinking alcohol is 18 but this is rarely respected.

1.4.2 Banks and bureaux de change

These are open from Monday to Friday (or Tuesday to Saturday in rural areas) from 8.30–9am to 4.30–5pm. Some will close during the lunch hour (especially in the provinces). Most inner city branches and general post offices have automatic cash dispensers that will take credit cards.

At Charles de Gaulle (Roissy) and Orly Airports, 24hr exchange transactions can be made at a *Société Générale* branch within the main halls. At ferry terminals (around departure times) and on board all ferries, basic exchange transactions can usually be made.

1.4.3 Post offices

These are open from 8 am to 6–7pm (8 am–12pm on Saturdays). Some post offices have exceptional hours of business. These are: PARIS RP, rue du Louvre, Paris 1er which is open 24 hrs, 7 days a week; Annexe 71, Avenue des Champs Elysées, Paris 8 which is open until 10pm Monday to Saturday and from 10–12am and 2–8pm on Sunday.

1.4.4 Office hours

Normal working hours have always been 8am–12pm and 2–6pm, with offices opening a little later. However, the introduction of the *horaire variable* (Flexitime) has resulted in shorter lunch hours (30 minutes in some Paris offices, longer in the provinces). Most people will rarely get home before 6–6.30pm.

For executives, business lunches might involve not returning to their offices before 3.30–4pm. They will accordingly leave later than normal office staff.

Schools: School hours are usually 8am to 6pm in *lycées* and 8.30am to 4.30pm in primary schools. There is no school on Wednesdays except in secondary education where there are often classes in the morning. Saturday morning is a normal part of the school week.

1.4.5 Domestic life

Most people get up at 7am, earlier if they are Paris commuters. The evening meal will be between 7.30 and 8pm. As far as eating out is concerned, it is difficult to get a meal after 10pm, except in Paris.

Most people now have five weeks annual holiday and will spread these between winter (usually Christmas, February or Easter) and July and August. August brings the country almost to a halt.

1.4.6 Official public holidays

1 January	Jour de l'An (New Year's Day)
Date varies depending on Easter Sunday	Lundi de Pâques (Easter Monday)
1 May	Labour Day
8 May	Armistice Day
May (date varies but always falls on a Thursday)	Ascension Day
May (dates vary)	Whit Monday and Spring Holiday
14 July	Bastille Day
15 August	Assumption
1 November	All Saints Day
11 November	Remembrance Day
25 December	Jour de Noël (Christmas Day)
26 December	Boxing Day (Alsace-Lorraine only)

It is important to remember that whenever a Bank Holiday falls on a Thursday or Tuesday, it is customary to award *le pont* (the bridge) and people will not work from the Bank Holiday to the next Monday, or from the Friday night to the following Wednesday morning. This is especially true for office staff. In some years, firms may well close down for more than thirteen days in May, for example.

In August, most firms will close down or operate with a reduced number of staff. For this reason, if you are planning a visit between July 13th and August 31st be sure to make arrangements in advance.

Summertime (GMT + 2) generally begins on March 21st (or the nearest Sunday morning) and Wintertime (GMT + 1) on September 21st.

☐ 1.5 Value Added Tax (Taxe sur la Valeur Ajoutée)

This is charged on most goods and services. The current rates range from 5.5% to 33½% but harmonization is bound to take place as the 1992 deadline for a single European market approaches.

The traveller will get a refund on purchases (Ffrs 1,300 minimum) in most shops. A passport or other identification to prove one's address abroad is required. The bill will be made out in triplicate, with the shop retaining one copy. The other two copies will be stamped at Customs and sent back to the shop, which will in turn credit the buyer's bank account.

☐ 1.6 Weights and measures

See conversion table in Section C 1.6 of the French/English half of the book.

1.6.1 Clothing sizes

Women's clothing

Dresses, coats, sweaters, blouses:

American	–	8	10	12	14	16
British	8	10	12	14	16	18
Continental	–	38	40	42	44	46

Shoes:

American	6	6½	7	7½	8	8½
British	4½	5	5½	6	6½	7
Continental	38	38	39	39	40	41

Men's clothing

Suits, overcoats, sweaters:

American/British	34	36	38	40	42	44	46
Continental	44	46	48	50	52	54	56

Shirts:

American/British	14½	15	15½	15¾	16	16½	17
Continental	37	38	39	40	41	42	43

Shoes:

American	8	8½	9½	10½	11½	12
British	7	7½	8½	9½	10½	11
Continental	41	42	43	44	45	46

☐ 1.7 Health services

The French welfare system is funded by a combination of voluntary and state contributions. The *sécurité sociale* contribution is deducted from all salaries. Self-employed people and others in a similar position must also contribute. As cover is not total, most people join a *mutuelle* (mutual benefit society) that will refund the costs not covered by the state system. Patients pay the full cost of treatment directly to their GP or pharmacist and send in a special form in order to get a refund. When this has been made, the statement of refund from the *sécurité sociale* has to be sent to one's *mutuelle* to claim the complementary refund. One should bear this in mind when seeing a doctor as a consultation fee may range from 90 to 150 francs, to be paid on the spot.

Hospitals and clinics will require a *carte de sécurité sociale* and a *carte de mutuelle* before admitting patients, except in cases of severe emergency.

Under EEC regulations, employees (whether nationals or not) who are permanent residents in the UK are entitled to medical treatment on the same basis as nationals. It is essential however that before leaving the UK, a CMl form (obtainable from Department of Health offices) be posted to the nearest Social Security office. An E111 certificate of entitlement to medical benefits will be issued by post to cover the period of the visit.

A leaflet (SA 28) can be obtained from the Department of Health and will explain the various aspects of social security coverage throughout Europe.

For immediate refunds in France, it is possible to apply to the local *Caisse Primaire d'Assurance Maladie* with one's E111 form. A refund will not however exceed the amount actually covered by the French *sécurité sociale*. Thus visitors wishing to have full medical insurance should make appropriate private insurance arrangements.

In case of emergency, dial 15 and the operator will direct you to *SAMU* (emergency ambulance service). For the police dial 17 and for the *pompiers* (fire brigade) 18.

As for doctors, dentists are paid directly by the patient and the money is then claimed back. Only charges up to the level fixed by the *sécurité sociale* will be refunded. Outside normal hours ring the police station to find out which dentist is available for emergencies.

2   Etiquette

☐ 2.1   Varieties of French

In French you can sound polite or familiar, formal or informal, direct or indirect depending on whether you use elaborate or direct language. It should however be remembered that when speaking a foreign language, formality is the safest option for the first contact.

Tu and *Vous:* The golden rule is not to use the *tu* form until the other person has done so. *Tu* is familiar and friendly but it can also be insulting. Even in a letter starting with *Cher Ami, vous* is to be preferred. When they invite you to be less formal, French people will say *Dites moi-tu* or *Allez, on se tutoie,* or *Ça vous dérange que je vous dise tu?* In business, this will only happen if you are spending a lot of time with your counterpart.

Formality: Language is always made more formal when one is writing to someone one does not know or to a person senior in age or status.

Formal	Neutral	Informal
Il serait inopportun à mon sens de . . .	Je pense que ce n'est pas le moment de . . .	Moi, j'dis que c'est pas le moment de . . .
Il vous appartient de . . .	Vous êtes chargé de . . .	C'est à vous de . . .
Ne pensez-vous pas qu'il serait judicieux de . . .	Peut-être serait-il mieux de . . .	Ce serait mieux de . . .

As in any other language, every type of business has its own jargon. The best way to prepare for this is to subscribe to a trade magazine and build up your own glossary (eg *L'Usine Nouvelle* – production, engineering, etc.; *LSA* – retail and marketing; *Media* – advertising and communications; *L'Expansion* or *Le Nouvel Economiste* for more general business vocabulary).

☐ 2.2 Politeness

By tradition, social relations are more formal than in Britain, and the use of first names, although accepted from a foreigner, is not normally the rule. There is great respect for titles and business cards will reflect this. Some humorist said that if you called a Frenchman *Monsieur le Président*, you couldn't go far wrong as he would undoubtedly have been President of quite a number of associations or clubs and so retain this title even when no longer in office.

The long Catholic tradition and a militant left have created an attitude towards money and moneymakers which still prevails with regard to profit and salaries. Such matters are rarely discussed in public and people should not be put in a position to have to decline to state how much they earn. The recent trend towards a more favourable attitude to private enterprise has not yet altered this.

French business style is more direct than British, even though it may appear rather elaborate. People will go straight to the point and the appreciation of American business attitudes professed by the French is in this respect quite revealing. British understatement will easily be taken for indecision or hypocrisy.

When using a foreign language or broken French, it is very difficult to hit the right note as far as humour is concerned. French humour is more direct (slapstick) or harsher than British and the phrase *C'est de l'humour britannique* indicates how hard it is for British humour to cross the Channel.

Outward efficiency and abiding by rules and procedures are considered evidence of effectiveness. Being present at the workplace, working overtime and not admitting that one intends to leave early are essential in building up a reputation. In view of these general principles, therefore, suggesting work sessions after office hours may well gain you the respect of business counterparts. Clothing (jacket and tie compulsory at executive level) is similarly a most important part of one's image. Casual travelwear should not be worn when visiting customers.

☐ 2.3 Hospitality

Guests (eg at a dinner party) are expected to bring flowers or gifts from their own countries (eg After Eights or whisky from the UK) but not a bottle of wine. The epitome of hospitality is to invite people to one's home. This should be remembered and the invitation returned.

☐ 2.4 Bars and clubs

Bars do not have the same social function as pubs in the UK. Drinks are served by a waiter and (unless on the terrace) paid for only on leaving the premises.
Clubs (Rotary, Lions, etc.) are important, especially in the provinces, and a visiting businessman should not miss the opportunity for making business contacts in this way.

As much of the French urban scene is based on small towns, one should expect a 'small town' type of social life and the expatriate should immediately take up membership of clubs (sports or other) which will help him/her to integrate more rapidly. As there are no pubs in the British sense, social life revolves around invitations among professional contacts and other club members.

In France, people are proud of their acquaintances and networks of friends. *Les petits services* are a normal element of social relations: the British visitor should expect to undertake such favours as finding suitable families for school age children to organize an exchange with or arranging summer placements in his/her firm for students.

☐ 2.5 Queuing

This is not as formally organized (or respected) as it is in the UK, especially not in Paris. However one should not think that the 'everyone for himself' rule applies at all times. Angry shouts will remind anyone who tries to jump a queue (in cinemas, post offices, etc.) that all those present are very well aware who was there before them when they arrived.

☐ 2.6 Meeting and greeting

Shaking hands is expected not only on first introduction, but every morning and evening. This will dispense with the need for longer exchanges: *Bonjour ça va?* prompts *Ca va et vous?* and you are then free to move on.

A survey has shown that most switchboard operators cannot answer in English. One should, therefore, be sufficiently proficient in French to explain one's query. The situation is even worse with public authority employees and it is wiser to send initial letters in French, if that is a possibility.

Sales literature should be in French as far as possible. The common saying that you can *buy* in English all over the world, but you can only *sell* in the native language, is certainly true in France. However, this situation should improve when the younger generations move to the higher echelons as English is now compulsory in most business programmes.

☐ 2.7 Tipping

The spread of credit cards, self-service filling stations and the mandatory *service compris* menus has reduced the number of occasions for tipping.

If no service charge is added, a tip should be in the region of 10 to 15% in restaurants, cafés and taxis. Hall porters and usherettes in cinemas and theatres will expect small change. No tip should be below 1 franc however. Airport or station porters have a fixed charge, usually per piece of luggage, displayed on their trolleys or uniform.

☐ 2.8 Weather

Although basically temperate, climatic conditions can vary considerably. The division is usually between north and south of the Loire. Temperatures in the 100s (°F) are not uncommon in the south east, whereas the north and west are very similar to Southern England.

January and February are the coldest months with snow and ice on the roads, especially in mountain areas. Rail is then the safest way to travel, as even motorways can become quite hazardous.

3 International postal services

A brochure for foreigners about postal services is available from most main post offices.

Inland mail provides most of the services offered in the UK. There are two classes of mail: *courrier urgent* (urgent mail) and *courrier ordinaire* (ordinary mail). A sticker *Lettre* should be attached if there is a possibility of a letter being mistaken for a packet or parcel – with larger-sized envelopes for instance.

Other services available are:

Recommandé (registered) with or without *accusé de réception* (proof of delivery). This provides proof of posting and is available for letters and parcels.

Exprès (Express delivery) This service ensures that the letter/parcel will be delivered as soon as it reaches its destination.

Envoi contre remboursement (cash on delivery) Postage will be paid by the addressee and returned to the sender.

POSTEXPRESS will ensure fast delivery (within a few hours) of letters and parcels up to five kilos within the Paris area. Also available in some major provincial towns.

Chronopost (Swiftair) is based on the same principle. Parcels up to 25kg in 24 hours (72 hours to some countries) to 100 countries.

POSTADEX accepts letters and parcels up to 20 kilos both for inland destinations and over 50 countries.

POSTECLAIR is a telefax service available from post offices in towns. Messages can be sent to any fax subscriber in the world or via post offices. Instant, four hour or next day delivery under cover against charge.

Paquet poste Cartons of various sizes are available from post offices to facilitate packing. Maximum weight for inland post is five kilos, for international post, three kilos. Parcels exceeding this weight are considered as *colis postaux* (parcel post) – maximum 20 kilos and there is also a size limitation. Parcels not accepted under these limitations should be sent through *Sernam*, the railway parcel service, with station or home delivery.

4 Telecommunications

☐ 4.1 Services of France Télécom

France Télécom is still (1988) a nationalized service. It is a very dynamic organization at the forefront of technological developments within the industry. This is obvious from the success story of *Minitel* with its 1.6 million subscribers and 1500 available services. The initial idea was to give any subscriber a free *Prestel*-type set and free access to an electronic directory. There are now so many services available that almost every need is covered and a whole range of sophisticated sets is available as well as modem linking for PCs.

In most towns, *L'Agence Commerciale* (dial 14), will give information on the telecommunications services available locally. Telex, telefax, Freefone, conference calls (domestic and international), videoconferencing, computer links and data transmission can all be organized. For further information, contact: Direction des Affaires Commerciales et Télématiques, TELECOM, 20, avenue de Ségur, 75700 PARIS.

All Chambers of Commerce & World Trade Centers will also provide services to help business people with their communication problems.

Computer links:
Transpac The French computer link network which provides links throughout the country and abroad. Contact Transpec, Tour Montparnasse, 33 avenue du Maine, 75755 PARIS CEDEX 15. Through *Atlas 400* it is connected to all

networks abroad. In addition, *Interpac* (a joint venture between the US company CSC and France Cables and Radio) offers a private data transmitting link to over 28 countries.

Most foreign networks are linked through *NTI (Noeuds de Transit International de Paris)*. Contact Intelcom France, Tour Franklin, Cedex 11, 92081 PARIS LA DEFENSE, Tel: (1) 47 62 79 13. It is linked to PSS in the UK.

Directories and information services:
Directories of telephone, telex and telefax subscribers can be found or bought from major post offices or *Agences Commerciales*. The Paris area subscribers are also listed in *Rue par Rue*.
There is a telephone directory for each *département* and the corresponding *Pages Jaunes* (Yellow Pages) are also available.
Minitel is always available for quicker reference in most post offices but is only connected to the electronic directory.

Freefone services:
Numéro Verts (Freefone services) are also available. Full details from any *Agence Commerciale* (dial 14).

□ 4.2 Telephones

Cabines téléphoniques These payphones, of which there are over 170,000 in France, will allow you to make automatic local, national or international calls. They accept 5, 1 and ½ franc pieces and will return unused coins. A visual signal on the left hand-side indicates that the money is running out. Increasingly, however, these boxes will accept only *Télécartes* (phonecards) that may be purchased from post offices, tobacconists and newstands. They are available in denominations of 50 and 120 units. The *Télécarte*-type phoneboxes give operating instructions. The amount of credit remaining on the card will be shown after hanging up before it is returned to the caller.

Codes All areas except Paris begin with the *département* code (different from the postal and car registration codes), listed in all phoneboxes. For more details see Section B 1.1.1.

Renseignements (Directory Enquiries) Dial 12. There is a quicker service through the *Minitel* electronic directory (dial 11, then connect your set).

Emergency calls Dial 15 for *SAMU* (Hospital emergency ambulance service), 18 for the *pompiers* (fire brigade), who also operate an ambulance service, and 17 for the *police*.

The tones
The *tonalité d'appel* (dialling tone) is a continuous purring.
The *sonnerie* (ringing tone) is a series of long tones.
The *tonalité d'occupation* (engaged tone) is a series of high bur-burs.
If a number is unobtainable, a recorded message to this effect will be heard.

Note that the connection process is noisy compared to the UK system except when dialling international calls.

☐ 4.3 International calls

To make an international call dial 19 + country code + area code + number. Note that you should omit the initial 0 from any area code beginning with that number. For example, to ring London from France dial 19 – (wait for the tone) – 44 – 1 – 823 – 5104.

Télécarte phoneboxes accept the *Carte Télécom Internationale* (International Phonecard.)

Check the time differences before phoning. Nearly all European countries, including France, are one hour ahead of GMT. When the UK also moves one hour ahead, during British Summer Time, most European countries move a further hour ahead so that the difference is generally constant. Greece is 2 hours ahead. The USA is 5 to 11 hours behind GMT, depending on how far east your call is to.

☐ 4.4 Tips on using the phone

Telephoning in a foreign language is by no means an easy task either for the caller or for the person receiving his/her call. The sometimes poor quality of the handset and/or the line, added to the lack of visual contact account for this.

Particular points to bear in mind are:

A call in English may be a good means of getting past the switchboard/junior secretaries. In most firms people will try to get rid of such a call by passing it on to someone who is better qualified to handle it. Do not however use this ploy to contact someone working for a public authority. (See Section C 2.6 above.)

As in any country, avoid calling people at home or over the weekend unless the matter is most urgent and cannot be delayed. A lot of people will be *sur la liste rouge* (ex-directory) precisely to avoid such interference with their privacy at home.

Most organizations (eg tourist information services, hotels, public authorities) will require a *letter* before responding to a request for information. This will ensure the correct addressing of the reply if nothing else.

Rates vary according to the time of day: *tarif rouge* (full price) from 8am to 6pm; *tarif blanc*, (30% reduction) from 6 to 9.30pm; and *tarif bleu* or *bleu nuit*, (50 to 65% reduction) from 9.30pm to 8am.

5 Sources of information

☐ 5.1 Directories, journals and books

Source	Information
Current Affairs and Economics:	
TEF (Tableaux de l'Economie Française)	Published by *INSEE (Institut National de la Statistique et des Etudes Economiques)*, 12, rue Boulitte, 75001 PARIS. Tel: (1) 45 39 22 77. The yearly national and regional editions provide vital statistics on all aspects of the economy.
La Francoscopie	A compilation of the hundreds of surveys and opinion polls on all subjects commissioned by newspapers and magazines in recent years. It gives an enlightening view of present-day French society. Available from bookshops.
Bottin Mondain	45,000 biographies and addresses of prominent people in the arts, literature, business, etc. Published yearly by Editions Didot-Bottin, 28, rue du Dr Finlay, 75738 PARIS.
Who's Who in France	20,000 entries on prominent people from all walks of life. Published every other year by Editions Jacques Lafitte, 12, rue de l'Arcade, 75008 PARIS.

Other directories available from most libraries and reference services:
Répertoire permanent de l'Administration Française
Annuaire Diplomatique et Consulaire de la République Française
Annuaire Officiel du Conseil National du Patronat Français

Trade directories:	
Kompass (France)	A directory of firms and their products.
Kompass Professionnels	Similar guides, each one specializing in a particular industry.
Répertoire Général de l'Importation	Who imports what in France.
	All these titles are published by Dafse Kompass, SNEI, 22, avenue FD Roosevelt, 75008 PARIS Tel: (1) 43 59 37 59.

French Company Handbook	Evaluates key companies; in English. Available from 1, rue Boudaloue, 75009 PARIS Tel: (1) 42 85 13 16.
Dun and Bradstreet	Available from Le Palatino, 17, avenue de Choisy, 75643 PARIS CEDEX 12. Tel: (1) 45 84 12 83.
Annuaire Guide du Commerce	Published by Conseil National du Commerce, 53, avenue Montaigne, 75008 PARIS.
Répertoire Français du Commerce Extérieur	Alphabetical list of exporting companies. Published by UFAP, 13, avenue V. Komarov, BP 36 78192 TRAPPES CEDEX. Tel: (1) 30 50 61 48.
Répertoire des Sociétés de Commerce Extérieur Français	Published by ETP, 31, avenue Pierre ler de Serbie, 75116 PARIS. This is also the French branch of CITHA (Confederation of International Trading Houses Associations).
Annuaire des 5000	Alphabetical list of over 5,000 firms and individuals in the PR and communications business.
Agences Conseils	1700 advertising firms, 300 sound/video/film producers with ratings and references. Both these titles form part of the *Hors séries* collection of directories in the advertising and media series published by MEDIA, 554, rue d'Amsterdam, 75008 PARIS. Tel: (1) 42 85 50 00.
Annuaire des fournisseurs en informatique	Manufacturers, distributors, services in data processing. Published by 01 Informatique, 5, Place Colonel Fabien, 75491 PARIS CEDEX 10.
FBCCI Year Book	8, rue de Cimarosa, 75116 PARIS. Tel: (1) 45 05 13 08.
INSEE 'Sirene'	List of 3,200,000 French firms. Available from CNGP-INSEE, BP 2718, 80027 AMIENS CEDEX.
L'EXPANSION	Annual Directory of the top 1000 companies.

L'ENTREPRISE	A business atlas with companies classified by *département*. Available from 31, cours des Julliottes, 94704 Maisons-Alfort CEDEX.
Doing Business in France	Yearly file available from the FBCCI (see above).
France and You	Published by DATAR (see below). UK address: French Industrial Development Board, 21–24, Grosvenor Place, London SW1X 7HU. Tel: (01) 235 5148.
Hints to exporters (France)	Available from Department of Trade and Industry, Lime Grove, Eastcote, Ruislip, Middlesex HA4 8SG. Tel: (01) 866 8771.
Guide des Sources d'Information	Directory of all information sources with their publications when applicable. Published by Centre de Formation des Journalistes, 33, rue du Louvre, 75002 PARIS.

☐ 5.2 Addresses of bodies giving services and information

The Financial and Commercial Counsellor, British Embassy, 35, rue du Faubourg St Honoré, 75008 PARIS. Tel: (1) 42 66 91 42. Consulates general in Bordeaux, Lyons, Marseilles, Lille.

French Chambers of Commerce are organized on quite a different scale from their UK counterparts. They are tax-levying bodies whose purpose is to promote trade and industry on a local basis. They are usually well-organized and offer superb facilities and reference centres (legal advice, lists of firms, sites available, general information on trade in the area, *Minitel* data banks linked to most data banks available in France and Europe). They will always have special expertise available to help would-be investors or business people looking for partners in their area. One is well-advised to begin a business exploration trip with a call there.

Chambre de Commerce et d'Industrie de Paris, 27, avenue de Friedland, 75382 PARIS CEDEX 08.

Direction des Relations Internationales, CCIP, Bourse du Commerce, 2, rue de Viarmes, 75001 PARIS.

APCCI (Assemblée Permanente des CCI): 45, avenue d'Iéna 75116 PARIS.

World Trade Centers Business assistance, premises and reference services available. To be found in Paris, Le Havre, Nantes, Marseilles and Lille. They are part of the worldwide WTC network. Contact Paris WTC, CCIP 2, rue de Viarmes, 75001 PARIS.

Franco-British Chamber of Commerce Extensive commercial library, business opportunities file and commercial research service. Unique information on the French market. Offices, function and showrooms can be booked. Based in the Centre d'Affaires Franco-Britannique SA, 8, rue Cimarosa 75116 PARIS. Tel: (1) 45 05 13 08.

The Chamber is the official representative in France of the CBI.

Other services include a Commercial Examination scheme similar to the LCCI or RSA language examinations in the UK. Holders of their language certificates may be considered to have a working knowledge of English.

A *Yearbook* and a monthly magazine, *Cross-Channel Trade*, are published.

There is a junior section of the Chamber with membership open to executives from member companies of up to the age of 40. The junior Chamber publishes a monthly newsletter, *Crosstalk*.

The Chamber has regional councils and committees in Marseilles, Bordeaux, Lille, Le Havre, Rouen, Lyons, Nice, Dieppe and Cherbourg. Regular meetings bring together the most enterprising members of the international business community. Visiting guests welcome.

DATAR (Délégation à l'Aménagement du Territoire et à l'Action Régionale) The regional development agency based at 1, avenue Charles Floquet, 75700 PARIS. Tel: (1) 47 83 61 20.

Ministère de l'Economie et des Finances Direction des Relations Economiques Extérieures, 41 Quai Branly, 75700 PARIS. For information on imports, export licences, deals involving several countries.

Direction Générale des Douanes et Droits Indirects, 8, rue de la Tour Dames, 75009 PARIS. Issues import and export licences.

Service de Renseignements Douaniers, 182, rue St Honoré, 75001 PARIS. Provides customs information.

CFCE (Centre Français du Commerce Extérieur) 10, avenue d'Iéna 75783 PARIS CEDEX 16. The French Overseas Trade Board.

NOREX (Normes et Règlements) Tour Europe CEDEX 7 92080 PARIS LA DEFENSE. Advice on trading standards and regulations.

INPI (Institut National de la Propriété Industrielle) 26bis, rue de Léningrad 75008 PARIS. Reference library and data bank.

Chambre de Commerce Internationale, 38, Cours Albert ler, 75008 PARIS.

Société Nationale des Traducteurs, 11, rue Navarin, 75011 PARIS. Tel: (1) 48 78 43 32. Addresses of translation services.

Two other firms offering help to business visitors (translation, telex, computer services):
Société STOPOVER   Tel: (1) 47 55 12 30
Société EXECUTIVE Tel: (1) 42 56 27 55

☐ 5.3 Language courses in France

Some useful contacts are:
Alliance Française, 101, boulevard Raspail, 75720 PARIS CEDEX 06. Tel: (1) 45 44 38 28. Courses begin each month for sessions of 18 to 20 days. Branches throughout the country.

Eurocentres, 13, passage Dauphine, 75006 PARIS. Tel: (1) 43 25 81 40.

ARC Langues, 7, rue Fortuny, 75017 PARIS. Tel: (1) 47 63 19 49. Well known for their research into second language acquisition.

Courses will be run in most provincial towns; refer to the Yellow Pages.

☐ 5.4 Reference books useful for visitors to France who are not native speakers

Michelin Guide A list of restaurants and hotels from first class to local best choice. Maps of most towns and areas are also included, together with a guide to motoring in France.

Guide Hachette France Restaurants and hotels with suggestions for tours in all regions.

Le Français Commercial Editions Les Langues pour Tous, Presses Pocket.
A revision course in commercial French with reference guide. (Paperback).

HARRAP Business Dictionary

Collins–Robert English–French/French–English Dictionary

ABBREVIATIONS

abs	aux bons soins	care of	c/o
ACF	Automobile Club de France	French automobile club	
a/d	à dater de	as from (date)	
AEE	Agence pour les Economies d'Energie	French energy saving commission	
AF/ Alloc Fam	Allocations Familiales	family allowances	
AFNOR	Association Française de Normalisation	French standards agency	
agce	agence	agency, branch	
amér	américain	American	
angl	anglais	English	
ap	avarie particulière	particular average	pA
appt	appartement	flat	
AR	accusé de réception	acknowledgement of receipt	
	aller et retour	return (ticket/fare)	
auj	aujourd'hui	today	
av	avenue	avenue	Ave
A/V	droits ad valorem	ad valorem duty	
à vdre	à vendre	for sale	
bacc	baccalauréat	French equivalent of A levels	
Banq/ Bque	banque	bank	
bd/ bld	boulevard	boulevard	
B de F	Banque de France	French Central Bank	
BFCE	Banque Française du Commerce Extérieur	French export credit bank	
BP	boîte postale	post office box	PO Box
BPF	bon pour francs	pay to	
bté	breveté	patented	Pat
BTS	Brevet de Technicien Supérieur	qualification gained after two-year degree course	
C/°C	degré Centigrade	degree centigrade	C/°C
c-à-d	c'est à dire	that is	ie
CAF	coût, assurance, fret	cost, insurance, freight	CIF
	Caisse d'Allocations Familiales	family allowances agency	

cal	calibre	calibre	cal
	calorie	calorie	
CAP	Certificat d'Aptitude Professionnelle	first vocational diploma	
CC	corps consulaire	consular corps	
c/c	compte courant	current account	a/c
CCI	Chambre de Commerce et d'Industrie	Chamber of Commerce	
CCP	Compte Chèques Postaux	Giro account	Giro
C com	Code du commerce	commercial law	
CD	Corps diplomatique	diplomatic corps	CD
CEE	Communauté Economique Européenne	European Economic Community	EEC
cert	certificat	certificate	cert
CESP	Centre d'étude des Supports de Publicité	independent body studying the effectiveness of advertising	
C & F	coût et fret	cost and freight	C & F
cf	reportez-vous à (confer)	see, refer to	cf
ch/CV	cheval vapeur	horsepower	hp
cial	commercial	commercial	
Cie	compagnie	company	Co
cl	centilitre	centilitre	cl
cm	centimètre	centimetre	cm
cm²	centimètre carré	square centimetre	sq cm
cm³	centimètre cube	cubic centimetre	cc
CNPF	Confédération du Patronat Français	French equivalent of CBI	
connt	connaissement	Bill of Lading	B/L
cpte	compte	account	a/c
CU	charge utile	payload	
CV	curriculum vitae	curriculum vitae	CV
	cheval vapeur	horsepower	hp
dép/ dept	département	department	dept
DOM	département d'outre mer	overseas department (French Antilles, Guyana etc.)	
Dr	Docteur (en médecine)	doctor (medical)	Dr
dz	douzaine	dozen	doz
ENA	Ecole Nationale d'Administration	school for top-ranking civil servants	
eooe	erreur ou omission exceptée	errors and omissions excepted	E & OE

esp	espagnol	Spanish	Sp
Ets	établissements	establishments, companies	
E-U	Etats-Unis	United States	US
EUR	Europe	Europe	Eur
ex:	par exemple	for example	eg
f	féminin	female	fem
	franc	franc	fr
FAB	franco à bord	free on board	FOB
Fco	franco	free of charge	FOC
fcs/frs/ FF	francs	francs	Ffrs
fig	figure	illustration, chart	fig
g	gauche	left	l
gal	général	general	gen
GB	**Grande-Bretagne**	Great Britain	GB
gr	gramme	gram	g
gvt	gouvernement	government	govt
h	heure(s)	hour(s)	hr(s)
h bur	heures de bureau	office hours	
hc	hors cadre	non-staff member	
	hors commerce	not for sale	
	hors concours	non-competing	
HEC	Hautes Etudes Commerciales	leading school of business administration	
HLM	habitation à loyer modéré	local authority housing	
HS	hors service	out of order	
HT	hors taxes	no duties included	
INC	Institut National de la Consommation	state consumers' association	
inter/ internat	international	international	int
IRPP	impôt sur le revenu des personnes physiques	income tax	
ital	italiques	italics	ital
JF	jeune femme	young woman	
jne	jeune	young, junior	jr
JO	Jeux Olympiques	Olympic Games	
	journal officiel	official gazette	
jr	jour	day	d
KF	kilofrancs	1,000 francs	
kg	kilogramme	kilogram	kg
km	kilomètre	kilometre	km
km²	kilomètre carré	square kilometre	km²
kmh	kilomètre heure	kilometre per hour	km/h

kwh	kilowattheure	kilowatt hour	kwhr
l	litre	litre	l
labo	laboratoire	laboratory	lab
larg	largeur	width	
lat	latitude	latitude	lat
LC	lettre de crédit	Letter of Credit	LC
livr	livraison	delivery	
loc	location	hire, renting	
	locataire	tenant	
logt	logement	accommodation	accomm
lotiss	lotissement	housing estate	
LR	lettre recommandée	registered letter	
m	masculin	masculine, male	masc
M	Monsieur	Mister	Mr
	mille	thousand	thou/K
mag	magasin	shop	
		warehouse	
m à m	mot à mot	word for word, verbatim	
mar	maritime	marine, naval	nav
Me	Maître	master in law, lawyer, solicitor	
mens	mensuel	monthly	
MF	modulation de fréquence	frequency modulation	FM
MIN	marché d'intérêt national	central goods exchange	
NB	notez bien (nota bene)	please note	NB
nbrx	nombreux	many	
n/c	notre compte	our account	
NDLR	Note de la Rédaction	editor's note	
NDT	Note du traducteur	translator's note	
NF	norme française	French standard	
N°	numéro	number	num/No
no tél	numéro de téléphone	telephone number	tel no
ONU	Organisation des Nations Unies	United Nations Organization	UNO
OPA	offre publique d'achat	take-over bid	
OS	ouvrier spécialisé	semi-skilled worker	
p	page	page	p
PCV	percevable à l'arrivée	reverse charge call	
PDG	Président-Directeur Général	Chairman and Managing Director	C & MD
P et T	Postes et Télécommunications	**French equivalent of BT and the Post Office**	
PIB	produit intérieur brut	Gross Domestic Product	GDP
PJ	pièce(s) jointe(s)	enclosure(s)	enc(s)
PNB	produit national brut	Gross National Product	GNP

pp	pages	pages	pp
PR	poste restante	poste restante	
pr ts rens	pour tous renseignements	for further information	
PS	post scriptum	postscript	PS
PV	procès-verbal	minutes (eg of a meeting)	
qt	quintal	quintal	q
RAS	rien à signaler	nothing to report, all clear	
RC	registre du commerce	business register	
RdV	rendez-vous	appointment	
RIB	Relevé d'identité bancaire	slip giving details of a bank account (number etc.)	
RP	relations publiques	public relations	PR
RSVP	Répondez s'il vous plaît	please reply	RSVP
rte	route	road	Rd
SA	société anonyme	Public Limited Company	PLC
sbf	sauf bonne fin	under usual reserve	
s/c	sous couvert de	care of	c/o
se & o	sauf erreur et omission	errors & omissions excepted	E & OE
sér réf	sérieuses références	excellent testimonials	
SF	sans frais	free of charge	FOC
SGDG	Sans garantie du gouvernement	patented without government guarantee	
SI	Syndicat d'Initiative	tourist information bureau	
SMIC	Salaire minimum de croissance	basic minimum wage	
SNCF	Société nationale des chemins de fer français	French railways	
SS	securité sociale	French equivalent of the NHS	
Sté	société	company	Co
SVP	s'il vous plaît	please	
T/t	tonne	tonne	MT
TSVP	tournez s'il vous plaît	please turn over	PTO
TTC	toutes taxes comprises	all duties included	
TU	Temps Universel	Greenwich Mean Time	GMT
TVA	Taxe sur la Valeur Ajoutée	Value Added Tax	VAT
urgt	urgent	urgent	urg
virt	virement	transfer	
VO	voiture d'occasion version originale	second hand car undubbed version	
VRP	voyageur, représentant placier	travelling salesman	